기독교문서선교회 (Christian Literature Center: 약칭 CLC)는 1941년 영국 콜체스터에서 켄 아담스에 의해 시작되었으며 국제 본부는 미국 필라델피아에 있습니다.

국제 CLC는 59개 나라에서 180개의 본부를 두고, 약 650여 명의 선교사들이 이동도서차량 40대를 이용하여 문서 보급에 힘쓰고 있으며 이메일 주문을 통해 130여 국으로 책을 공급하고 있습니다. 한국 CLC는 청교도적 복음주의 신학과 신앙서적을 출판하는 문서선교기관으로서, 한 영혼이라도 구원되길 소망하면서 주님이 오시는 그날까지 최선을 다할 것입니다.

추천사

서 정 운 박사
장로회신학대학교 명예총장

부안좋은교회를 28년간 섬기고 은퇴하는 황진형 목사가 그의 시와 설교를 정돈해 묶어 『동행』이라는 제목으로 책을 냈습니다. 제목에서 엠마오로 향하는 길을 주님과 이야기하며 함께 가던 일행의 모습을 그리며 목회한 그의 정신을 느낄 수 있습니다. 매일 정성을 전부 쏟아 목양한 그의 태도가 시와 설교에 배어 있습니다.

그와 동행한 믿음의 형제자매들이 때를 따라 이 책을 열어 하나님과 사람과 자연의 아름다움과 교훈을 노래한 시를 읽고 서로를 그리워하며 생각하고 이야기하리라 그려 봅니다.

이 책은 거친 광야와 같은 세상길에서 28년간 동행했던 일행이 남은 길도 바르게 가도록 저자가 딩부했던 하나님의 밀씀을 다시 기억하게 해 주는 책입니다. 책 곳곳에서 목자의 사랑이 느껴집니다.

평생 주님과 교회와 교우들을 섬기고 이제 부안좋은교회에서 은퇴하는 황진형 목사와 그의 가족에게 성삼위 하나님의 위로와 칭찬과 기쁨이 넘치기를 기원합니다.

황진형 목사의 인격과 삶이 녹아 있는 이 책을 읽고 주 안에서 위로와 용기와 평안을 얻게 되리라 빌고, 널리 많은 이가 읽도록 추천합니다.

Going Together
Written by Jin Hyung Hwang
All rights reserved.
Korean Edition Copyright ⓒ 2024 by Christian Literature Center, Seoul, Korea.

동행

2024년 12월 8일 초판 발행

지은이 | 황진형

편　　집 | 이소현
디 자 인 | 소신애
펴 낸 곳 | (사)기독교문서선교회
등　　록 | 제16-25호(1980. 1. 18.)
주　　소 | 서울특별시 동대문구 천호대로 71길 39
전　　화 | 02-586-8761~3(본사) 031-942-8761(영업부)
팩　　스 | 02-523-0131(본사) 031-942-8763(영업부)
이 메 일 | clckor@gmail.com
홈페이지 | www.clcbook.com
송금계좌 | 기업은행 073-000308-04-020 (사)기독교문서선교회
일련번호 | 2024-126

ISBN 978-89-341-2769-7(03230)

이 책의 출판권은(사)기독교문서선교회가 소유합니다.
신저작권법에 의하여 한국 내에서 보호받는 저작물이므로 무단 전재와 무단 복제를 금합니다.

동행

황진형 지음

CLC

목차

추천사　서 정 운 박사 | 장로회신학대학교 명예총장　1

감사의 글　9

시작하는 글　10

제1권 시집　행복을 담은 디카시

* 서시　14

제1부　감사　16

제2부　겸손　29

제3부　교회　42

제4부　기도　54

제5부　믿음　66

제6부　사랑　88

제7부　소망　104

제8부　예배와 찬양　115

제9부　은혜의 소통　120

제10부　공의와 진리　140

제2권 설교집 동행하며 나누는 말씀

제1부 감사

제1장 주 안에서 기뻐하라 147

제2장 행복 플러스의 사람 152

제3장 다 감사하라 157

제4장 감사의 사람 욥 162

제5장 11시에 온 일꾼 167

제2부 사랑

제1장 예수님을 닮은 사람 173

제2장 말씀대로 부활하셨다 178

제3장 지극히 작은 자를 사랑하라 184

제4장 다하는 사랑을 하라 190

제5장 은혜받을 만한 때 195

제3부 믿음

제1장 복된 셀 모임 습관 200

제2장 빛과 소금이 되라 206

제3장 하나님을 기쁘시게 하는 예배자 212

제4장 항상 기도하라 217

제5장 보혈의 능력 223

제6장 세례받는 사람의 행복 228

제7장 엠마오로 가는 두 제자 234

제8장 영원토록 빛나는 가정 239

제9장 이삭의 부모 공경 245

제10장 성령으로 사는 행복한 사람 251

제11장 기도하는 집에서 255

제12장 고귀한 인생을 이루는 믿음 260

제13장 옷 갈아입어라 265

제14장 겸손한 사람의 길 269

제15장 이런 교회 되게 하소서 274

제16장 십자가 교회 278

제17장 온전한 십일조의 복 283

제4부 소망

제1장 어느 인생의 아쉬움 289

제2장 하나님 나라입니다 295

제3장 의의 면류관을 주십니다 300

감사의 글

먼저 하나님께 무한한 감사와 영광을 드립니다.

44년 동안 행복한 가정을 이루고 같이 교회를 섬겨 온 사랑하는 아내 송혜선, 외동딸 보람이 책을 내는 데 많은 도움을 주고 격려해 준 것에 감사합니다.

이 책을 만드는 데 컴퓨터 작업 등을 도운 서창덕 동사목사께, 그리고 지난 28년간 함께 기도하며 주님을 섬기고 좋은 교회를 세워 온 부안좋은교회 가족에게 감사드립니다.

시작하는 글

 이 책은 제가 부안좋은교회를 섬기면서 지난 7년 동안 직접 찍은 사진과 자작시(디카시), 그리고 주일 설교를 모은 것입니다.

 첫째, 사진과 시는 매주 교회 주보에 기재했던 것을 정리한 것으로 목회 현장의 생생함이 있습니다.
 시의 내용은 사진에서 영감을 얻은 것으로 두 가지가 어울려 시각적으로 전달력이 큽니다. 모든 사진과 시는 목회자에게 강한 공감을 얻을 수 있을 것으로 기대합니다. 일반 독자도 지루하지 않고 편안하게 사진과 시 속으로 스며들 수 있습니다.
 시의 구성을 열 개 영역(감사, 겸손, 교회, 기도, 믿음, 사랑, 소망, 예배와 찬양, 은혜의 소통, 공의와 진리)으로 구분하여 독자의 관심에 따라 찾아 볼 수 있도록 하였습니다. 각 영역의 시작 부분에 이끄는 글을 넣어 저의 목회적 관점을 분명히 보여 주었습니다.
 둘째, 설교를 디카시에 이어 실음으로 독자가 자연스럽게 마음을 열고 읽을 수 있도록 하였습니다.
 제가 부안좋은교회에서 하나님 말씀을 전하는 설교를 시작한 지 28년이 되었습니다. 지나고 나서 돌이켜 보니 세월이 구름처럼 흐르고 강물처럼 흘러갔지만 저는 매주 주일 설교를 준비하는 시간을 때에 따라서 암벽을 타는 등반가의 심정, 씨 한 줌과 모종 하나를 심는 농부의 심정, 양 떼와 양 한 마리를 대하는 목자의 심정, 자녀의 성장을 돕는 부모의 심정으로 이어 갔습니다. 짧지 않은 시간 동안 설교했지만, 늘 새 밥을 지어 식탁을 차리는 주부의 심정으로 말씀 본문을 묵상하고 신학적 성찰을 하며 성도와 교회의 현실을 섬세하게 살펴 심혈을 기울여 준비했습니다.

이 책에 실은 설교는 그 많은 설교 가운데 일부입니다. 부디 무심코 지나치지 마시고 잠시라도 눈길을 주시기 바랍니다.

이 책을 펼친 당신은 목회를 위해서 참고하려는 목회자일 수도 있고, 믿음으로 살려고 하는 성도일 수도 있습니다. 힘에 겨운 현실을 견뎌 내려고 애쓰는 당신이 이 책을 읽다가 반딧불 하나, 아침 이슬방울 하나 같은 공감과 깨달음을 얻었으면 하는 바람으로 책을 냅니다.

2024. 12.

제1권 시집

행복을 담은

디·카·시

* 서시

제1부　감사

제2부　겸손

제3부　교회

제4부　기도

제5부　믿음

제6부　사랑

제7부　소망

제8부　예배와 찬양

제9부　은혜의 소통

제10부　공의와 진리

서시

사진을 마냥 찍는 건
잘해서가 아니고
좋아해서입니다.
시를 그냥 끄적이는 것도
잘해서가 아니고
좋아해서입니다.
그 사진 시집을 염치를 무릅쓰고
책으로 만든 것도 결코 잘해서가 아니고
나누는 걸 좋아하는
버릇 때문입니다.
무더운 여름날
느티나무가 그늘을 나눠 주는 마음이
고맙고 닮고 싶어서입니다.

우리는 잘하려 함 때문에
너무 많이 지쳐 있고
너무 많은 생채기를 얻었습니다.

이제 잠시라도 그걸 내려놓고
함께
들여다볼 수 있는
사진 속으로 들어갔으면 합니다.
잔잔한 호수의 파문처럼
그냥 읽어 갈 수 있는 시를 같이 읊조렸으면 합니다.

그래서 우리,
잃어버린 마음의 고향으로
강강수월래 하듯 손에 손잡고
하하 호호 허허
웃으며 달려가고 싶습니다.

제1부 감사

너희는 또한 감사하는 자가 되라(골 3:15).

10년 가뭄으로
다 죽었습니다.
감사가 그친 생활은
10년 가뭄의 대지입니다.

다 죽은 대지에
비가 며칠을 왔습니다.
죽은 게 다 살았습니다.
온통 감사는 그 비입니다.

살자고 하는 감사입니다.
나 너 우리 사는 거 보고파서입니다.

악습 교만 욕망 비양심 원망 폭력
감사하면 싹 박멸합니다.
긍정 양심 겸손 성실 사랑 희망
감사하면 좍 살아납니다.

"다, 끝까지 감사해 봐라!"
살려 주시려고 해 주시는
주님 말씀입니다.

싹처럼 꽃처럼

연초록 싹 틔우고
눈부신 하얀 꽃 피워
봄 처녀 제 오심
곱게 전해 주듯
기뻐서 감사하고
서러워도 감사하여
주님 은혜 한이 없으심
늘 드러내게 하소서.

하는 감사

감사하는 생각
감사하는 입술
감사하는 손과 발
감사하는 가슴
감사하는 영혼

행하는 산 믿음
행하는 산 감사

산 제사 감사.

내 영혼아 여호와를 송축하며 그의 모든 은택을 잊지 말지어다(시 103:2).

민들레처럼

알아주는 이
별로여도
항상
환한
기쁨 나누며
살아가게
해 주소서.

항상 기뻐하라(살전 5:16).

웃음꽃

겨울 닮은
시절 속에서도
웃음꽃 피게 하소서

감염병 소식 들려도
허허 깔깔 히히 호호
같이 웃게 하소서

봄비 볕 바람처럼
주신 은총
노래하게 하소서

꽃들처럼.

아이는 웃는다

아이는 웃는다

어른들이 이건
웃을 자리가
웃을 때가
웃을 처지가
아니라고 해도

아이는 그냥 웃는다

아이 같아야
천국 가는 거라고
하신 이유다.

감사

작은 들풀도
사랑하시는 주님

작은 자
사랑해 주시는 주님

작은 나
사랑해 주시는 주님

감사합니다.

노래

가을 하늘조차
담을 수 없는
내 주님 은혜

그 하늘 가득 넘치게
높여 노래하고
가없는 감사 드립니다

꽃처럼.

하늘이 하나님의 영광을 선포하고
궁창이 그의 손으로 하신 일을 나타내는도다(시 19:1).

감사

연초부터
지금까지
주님 은혜

측량 못할 은혜
잊을까 두려운 은혜
온몸과 맘 드릴 은혜

그걸 못하는 죄송함
목 놓아 찬송
부르는 감사.

그의 모든 은택을 잊지 말지어다(시 103:2).

감사 연못

황지연못처럼
감사했으면

수정 같은 물
아무리 가물어도
하루 5천 톤
흘려 내듯

아무리 그래도
감사했으면
날마다 철철 넘치는.

감사 기도

나무처럼

아름드리
감사

하늘 향한
감사

늘 푸른
감사

하는 힘
주소서.

웃음

아쉬운 건
웃지 않고 지나친
세월입니다

다행스러운 건
그때 그래도
웃은 겁니다

새삼 하는 다짐은
이젠 웃으며
살렵니다

웃음은
하늘 사람 가는
길이잖아요.

물과 감사

물이 없으면
폭포가 폭포 아니고
강도 강이 아닙니다

감사가 없으면
인생이 신앙이
주님 뜻 아닙니다.

제2부 겸손

사람의 마음의 교만은 멸망의 선봉이요
겸손은 존귀의 길잡이니라(잠 18:12).

잘난 척합니다.
우린 다 그럽니다.

이구동성 싫다며 그럽니다.
잘난 구석이 있다고 그럽니다.
잘난 거, 잘한 거 없어도 그럽니다.
이젠 그만했으면 합니다.

안 그러면 참 괜찮은데요.
주님께서 정말 싫어하십니다.
그러다가 인생 끝납니다.
"그만!" 나한테 말합니다.

온유와 겸손이 최고입니다.
쉽진 않아도 애쓰렵니다.

주님께서 다 보시니까요.
주님께서 다 아시니까요.
주님께서 다 갚아 주시니까요.

열매

믿음은
더도 덜도 아닌
순종

은혜는
더도 덜도 아닌
순종나무 열매

주님은
더도 덜도 아닌
믿음 보시고

은혜 주시며
힘과 소망
주시는 분.

아브라함이 바랄 수 없는 중에 바라고 믿었으니(롬 4:18).

어른

마침내 아이가
꽃으로 보일 만큼

스스로 낮추고
자신을 다듬는
어른 몫
힘쓰는 어른

꽃보다
아름다워요.

이 어린아이와 같이 자기를 낮추는 사람이 천국에서 큰 자니라(마 18:4).

시내처럼

망설임 없이
포기하지 않고
바다로 가는
시냇물처럼

의심 없이
불평하지 않고
천국으로 가는
성도의 삶.

들의 백합화가 어떻게 자라는가 생각하여 보라(마 6:28).

그랬으면

때 되면
어김없이
정해 주신
옷 입고 서는
나무들처럼

때 되면
원하시는
생각 했으면
삶 살았으면.

감동

저 돌산
뻥 뚫은
세월

내 속의 돌산
의심 욕심 교만
뻥 뚫는 순종.

폭포수처럼

반드시 와요

건강 소유
지위 지식
명성 재주
능력 행복
경력 등

폭포수처럼
떨어질 때

그걸
생각하면
잘 사는 거죠.

소원

만년설
시도 때도 없이
하얗게 이고 살아
히말라야 되는
저 산

십자가
시도 때도 없이
기쁘게 지고 살아
되고 싶어요
하늘 백성.

여호와를 의지하는 자는 시온산이 흔들리지 아니하고
영원히 있음 같도다(시 125:1).

천 년에 한 번 있을까 말까 한 코로나 때문에 마스크 하고 예배드리는 우리 교회 성도

불청객 코로나

지구를 순식간에
팬데믹으로 만든 너
사람들이 얼마나 널
진저리 내는지
모르진 않지?

너 고맙기도 해
외통수 인간들
무서워할 줄 알게 하고
겸손할 줄 알게 하고
이 또한 지나감을
일깨웠으니 말이지!

천 년 불청객 코로나야.

겸손

허리 굽힌 채
종일 저러는 소나무
무슨 잘못? 했더니
아니란다

자기라도 굽신해서
오가는 이들
섬기려 한단다.

밟힘

때로
누군가
살리려고

기꺼이
끝자락까지
밟혀 주는
그이가

나일 수
있습니다.

누구든지 나를 따라오려거든 자기를 부인하고
자기 십자가를 지고 나를 따를 것이니라(마 16:24).

길

오직
낮은 곳으로
자신을 던짐이
물이 폭포 되는
길

오직
주님 맘으로
자신을 낮춤이
나 주님 제자 되는
길.

고난

이관희는
대장암 4기

그의 아내
오은주는
혈액암 4기

원망 불평
당연할 순간

순종해서
교회 오빠 누나.

제3부 교회

교회는 그의 몸이니 만물 안에서
만물을 충만하게 하시는 이의 충만이니라(엡 1:23).

'세상이 걱정하는 교회'
오늘 우리 교회의 일면입니다.
하나님 보시기에 좋은 교회는
주님의 몸 교회요
하나님 자녀, 백성 교회요
하나님 나라 교회입니다.

사람에 의한 교회
사람을 위한 교회
사람의 교회가 아닙니다.

하나님에 의한 교회
하나님을 위한 교회
하나님의 교회여야 합니다.

오직 성령의 사람
눈물로 부르짖어 기도하는 사람
하나님과 그분의 나라를 사랑하는
사람들로 세우시는 나라입니다.

그런 교회

하나님
우리 교회

지으신 세상
처음 보시고
좋아하신 것처럼

그처럼 좋은
교회 되게 하여
주시옵소서

믿음 소망 사랑의
초대 교회 닮은
좋은 교회 되게
늘 함께해 주소서.

교회는

교회는
영락없이
애들 같은
사람들이다.

너희가 돌이켜 어린아이들과 같이 되지 아니하면
결단코 천국에 들어가지 못하리라(마 18:3).

꽃밭 교회

울적함이 머물 구석
찾을 수 없이
환한 얼굴들

너 없이 난 못 살아
나도 너 없이 안 되는
우리여라

죽음이 못 견디게
얼쑤 얼쑤 춤추는
생명 빛 춤판이어라

꽃밭 교회.

꽃들처럼

꽃들끼리,
꽃잎하고,
화분하고
너무 잘 어울리는
꽃들처럼

서로 잘 어울리는
우리 교회.

더 좋은

먹을 것 찾기
힘들어지는
초겨울이 오면
빨간 감나무에
까치가 찾아옵니다

참사랑 찾기
힘든 시절에
사랑 찾는 이들 오면
나눌 사랑 있는 교회.

믿음

교회를
교회답게

성도를
성도답게

신앙생활을
신앙생활답게

참 안 되는 것들
참 안 하는 것들

아이처럼 믿으면
안 될 수
없는 것들.

교회는

주님 안에서

함께 웃고
함께 뛰고
함께 섬기고
함께 울어 주는

그게 먼저이고 다인
사람들입니다.

교회

한 송이 한 송이
수백만 송이
모으고 모아
사랑이
되었습니다

한 사람 한 사람
모이고 모여
교회가
되어갑니다.

시골 교회당 마당 자락에 50년 가까이
서 있는 교회 종탑 모습

종탑 이야기

뎅그렁 하면

교회 가족들
희로애락 가슴 안고
교회로 모이곤 했어요

아이들 깔깔 헉헉 하며
교회로 달렸지요

교회 안 다니는 이들
귀 마음도 울렸지요

파란 하늘 아스라한
고향 교회 마당가
종탑 이야기.

꽃밭 교회

주신 옷 입고
주신 자리 지키고
노란 웃음 짓고
서로 기대는
꽃밭입니다

주신 은혜 입고
주신 직분 지키고
달란트 옥합 드리고
서로 사랑하는
교회입니다.

좋은 교회

하나님
보시기에 좋은 교회

교회 가족
보기에 좋은 교회

이웃들
보기에도 좋은 교회

지금
보기 좋은 교회

먼 훗날
보기 좋을 교회

믿음 소망 사랑 성령의
사람들.

제4부 기도

기도를 계속하고 기도에 감사함으로 깨어 있으라(골 4:2).
쉬지 말고 기도하라(살전 5:17).

대화는 사람과 사람 관계를
보여 주는 눈금입니다.

사랑 신뢰 존중하는 만큼 대화합니다.
부부 관계 가족 관계 친구 관계 연인 관계
동료 관계 성도 관계가 그렇습니다.

기도는 하나님과 나의 관계 눈금입니다.
하나님을 사랑하고 신뢰하고 존중하는 이는
기도를 갈망하고 기뻐하고 생활화합니다.

쉬지 않는 기도의 사람은
변함없이 하나님을 사랑합니다.
항상 하나님의 도우심을 받습니다.
늘 하나님께서 인도하십니다.
영원토록 즐거이 주님을 섬깁니다.

노크

믿음의
기도는
천국 문
노크

안 한 만큼
손해입니다

기도
한 만큼
복입니다.

구하라 그리하면 너희에게 주실 것이요(마 7:7).

기도

한 아름
소나무처럼
믿음으로 살도록
부르심을 받은
자녀들을 위한 기도

주님 우러르게 하소서
강건하게 하소서
흔들리지 말게 하소서
마침내
아름 나무 되게 하소서.

그 사람

이 지독한
코로나 감염병을
물리쳐 주소서

하늘 향하여 솟은
아름드리나무처럼
굳세게
간절하게
흔들리지 않고

우리 하나님의
은혜의 도우심을
부르짖는 그 사람

지금 절실한
사람.

더 좋은

더 좋은
날을 위한다면

더 좋은
나 되고 싶어서
가슴 적시는
눈물 기도 애씀이

심장박동처럼
이어집니다.

힘

먹장구름
뚫고 마는
햇빛 힘

하늘 문
열고 여는
눈물 기도의 힘.

기도

너처럼
하늘을 향했으면

너처럼
간절했으면

너처럼
자연스러웠으면

너와 나
간구함이.

간구

하늘이여
봄 처녀 오는
소리 들려주소서
뾰족 손 모아
간절히 드리는
겨울나무
기도

주님
우리의
코로나 눈물
닦아 주소서
잃어버린 일상
살려 주소서
눈물 훔치는
팬데믹 기도.

쉬지 말고 기도하라(살전 5:17).

나무처럼

하나같이
가지 머리
하늘 향해 치켜든
나무들처럼

하나같이
마음과 손
주님 향해 치켜들고
기도합니다.

간구

저 나무
중가지
잔가지
하늘 향해
목 놓아 외칠 줄
알듯이

믿는 우리
몸과 영혼
주님 향해
목 놓아 외칠 줄
알게 하옵소서.

새벽 아직도 밝기 전에 예수께서 일어나 나가 한적한 곳으로 가사
거기서 기도하시더니(막 1:35).

기도

파란 풀 더미
사이 실개천
연이어 흘러
바다로 가듯

푸른 믿음
가슴 사이로
드리는 간구
주님께 흘러드니

기도
오늘도 드려요.

가시나무

가시 돋친 나무에게
찔려서 아파했을
숲속 가족들 생각닙니다

내 입술에 돋치고
내 얼굴에 돋치고
내 마음에 돋친 가시에
찔려서 아팠을
이들을 생각합니다

이젠 그만했으면
기도합니다.

제5부 믿음

딸아 네 믿음이 너를 구원하였으니 평안히 가라(막 5:34).

믿는 구석이 있어야 합니다.
그게 아니면 불행합니다.

믿어서는 안 될 것을 믿는 게 문제입니다.
믿을 대상을 잘 정하고
믿을 만큼만 믿어야 합니다.
돈 건강 사람 우상 재능이 그것들입니다.
그런 것을 하나님처럼 믿음이 고통입니다.

믿어야 할 것을 안 믿는 게 더 큰 문제입니다.
성삼위 하나님을 믿어야 하고
창조주 하나님을 믿어야 하고
하나님 아들 예수님을 믿어야 하고
성령님을 늘 의지하고 따라야 합니다.

성삼위 하나님을 믿으면 삽니다.
영이 살고 건강이 살고 인생이 삽니다.
가정이 살고 교회가 살고
인생을 잘 살고 영원히 살고
동네가 살고 나라와 세계가 삽니다.

다른 것으로 살려고 하지 마세요.
오직 예수 그리스도를 믿음으로 사세요.

갈림길

운전하고 걸으면서
자주 만나는 갈림길

가는 길 얻으려
길 하나 버리는 곳

길 하나 버리면
길 하나 얻는 곳

믿음으로 사는 이
버려서 얻고 얻으려 버리는
갈림길 마음
새삼 살펴야 한다.

싹

지난겨울에
죽은 것 같아
내버리려던 화분 속
뱅갈고무나무
봄날 새싹처럼
연녹색 싹 틔웠다

죽은 듯하고 있는
내 믿음도 뾰족
싹트게 하소서.

십자가

보도블록 틈새에
심었거늘
싫다기는커녕

골고다 오르신
그분 십자가
꼭 닮은 너

부럽네
미안하다.

내게는 우리 주 예수 그리스도의 십자가 외에
결코 자랑할 것이 없으니(갈 6:14).

그래야지

꽃처럼

뜨겁게
아름답게
순수하게

예배드려야지
복음 전해야지
썩는 밀알 되어야지
예수쟁이 되어야지.

거룩한 산 제물로 드리라(롬 12:1).

제5부 믿음　71

삶

죽든지 살든지
무엇을 하든지
하나님 영광을 위하여
한다더니

돌아보면
먹든지 마시든지
내 욕심 영광 위하니
부끄럽습니다

저리도
화사하고 발랄해도
하늘 아래 있고
하늘 우러르는
꽃님에게 배웁니다.

함께 가요

은혜의 길
진리의 길
생명 길
예수님
안에 있는
그 길
함께 가요.

내가 곧 길이요 진리요 생명이니 나로 말미암지 않고는
아버지께로 올 자가 없느니라(요 14:6).

믿음 나무

옥토에 심어도
결국은 맥없이
죽고 마는 나무

바위에 심겨도
마침내 굳세게
저렇게 사는 나무

내 삶의 나무는?

줄 대기

사나운 너울 파도
연이은 바다
하늘과 맞닿은 듯

사납게 달려드는 파도
연이은 인생 바다
주님과 이어지면

잘된 겁니다.

여소서

뾰족한
꽃봉오리
활짝 열렸듯이

장사된
주님 무덤
열린 것처럼

닫힌 내 마음
열어 주소서.

내가 새벽을 깨우리로다(시 57:8).

부탁

곱게
자연스레
향긋하게
느긋하게

누그러뜨리셔요
치솟은 담
넉넉히 덮어 내린
꽃처럼

주님 섬기는
마음으로.

하나님이 보시기에 좋았더라(창 1:12).

제5부 믿음 77

내 손

고운 손
멋진 손
힘센 손
아니어도

책임질 일
가슴 여는 일
망가지는 일
손해 보는 일
이라 해도

주님 위해서라면
예 하는 손
되게 해 주소서.

부활

막 피어나는 꽃보다
더 아름다운
더 신비로운
더 강력한
내 주님
부활하심.

여기 계시지 않고 살아나셨느니라(눅 24:6).

십자가 사랑

저 십자가에
못 박히신
내 주님 사랑 폭포수
내 가슴
마구 두드립니다

저 십자가에
사랑하시는 독생자
못 박으신
하나님 그 크신 사랑
온 세상 적십니다

저 십자가 사랑으로
다함없는 욕심
날마다 때마다 못 박고
사랑길 갑니다.

이런 사람

꽃처럼
아름다운 사람
아름드리나무처럼
강한 사람

약함 부족함
그냥 가지고
주님께로
나아가는 사람.

눈 많이 온 한라산 정상

정상

거기엔 없습니다
산 아래만 즐기는 이들,
십자가를 외면하는 이들

거기엔 있습니다
산 아래엔 없는 광경,
산 아래 없는 기쁨

내 주님 오르신
나 사모하는

그 산
정상엔.

부활

꽃은 꽃밭서 피는 거야!
콘크리트 생각 깨고
활짝 피어난 꽃

죽으면 그걸로 끝나!
돌이 된 생각 깨시고
부활하신 내 주님

나는 믿네
뭐라 해도.

하얀 해방

이 잘난 나도
어쩌지 못하는
이 마음 얽매임

나보다 나를
더 잘 아시는 주님
따스한 음성

나무 덮은 눈 어찌 못하는
주홍 같은 너의 죄
내가 널 용서한다

하얀 선언에
펑펑 우는
탕자의 가슴.

여호와께서 말씀하시되 오라 우리가 서로 변론하자 너희의 죄가 주홍 같을지라도 눈과 같이 희어질 것이요 진홍같이 붉을지라도 양털같이 희게 되리라(사 1:18).

간구

태극기가
바람에
펄럭입니다

내 영혼이
성령님
일깨우심에
펄럭이게
하옵소서.

위의 것

위의 것을
바라보면
땅의 것이
안 보입니다

땅의 것을
바라보면
위의 것이
안 보입니다

위의 것 보기를
힘쓸 이유입니다.

위의 것을 찾으라(골 3:1).

임재

소리 없이
어김없이
아주 분명히
그리고 성큼
아파트 구석에도
왔습니다.
가을이

소리 없이
어김이 없이
아주 분명히
그리고 성큼
교회에도
오십니다.
주님께서

원점

여기서 거기
어디로 가야 할지
얼마나 멀었는지
가르쳐 주는
도로원표

나 주님과
얼마나 친밀한지
얼마나 등졌는지
일깨우시는
성령님 감동.

제6부 사랑

새 계명을 너희에게 주노니 서로 사랑하라
내가 너희를 사랑한 것같이 너희도 서로 사랑하라(요 13:34).

이렇게도 무더운데 가슴 서늘한지요?
안 채워진 사랑 때문입니다.

이처럼 사람이 많은데 가눌 길 없나요?
주고받는 사랑을 외면하는 탓입니다.

이 나이 되어도 얼굴 못 드는 건
사랑도 나 위주여서입니다.

익어야 과일 곡식 거두듯
사랑도 이젠 익어야 합니다.
위아래 사방을 둘러봐서
괜찮은 사랑을 시작해야 합니다.

무엇이 괜찮은 사랑일까요?
아들을 주신 사랑입니다.
십자가에 달리신 사랑입니다.
그 사랑으로 사는 사랑입니다.

바람 부는 날

산허리 둘러
선 억새풀들
모진 바람
함께 쓸리며
견디어 내듯

아버지 사랑으로
인생 바람 견디는
서로 사랑 배웁니다

바람 부는 날.

사랑

큰 사랑에 꼭 붙은
사랑 방울들

나무에서 흘려 주신
새빨간 사랑
마르고 고픈 마음들

그 사랑 먹고 마시는
메리 크리스마스 세상
만들려고 누가 갈꼬?

여기 있나이다
나를 보내소서.

몇 년 전에 캄보디아 썸보 초등학교에 우리 교회가 샘을 마련해 준 모습

섬김 열매 감사

선을 행하고
선한 사업을
많이 하고
나누어 주기를
좋아하며
너그러운
자가
되게 하라

(딤전 6:18).

사랑

사랑은
이기주의를 넘어서고
가족 사랑을 넘어서고
이데올로기를 넘어서고
국경을 넘어서고
목숨을 넘어서는 것

장애물 경기 선수처럼
잘도 넘어가는 것

십자가 사랑
빚진 자로.

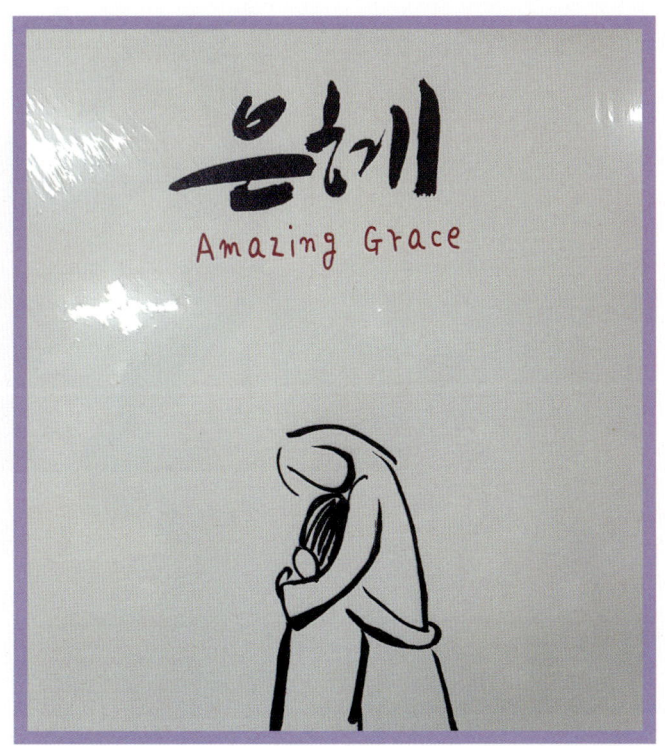

용서의 빚

용서받을 수 없는 죄
용서받은 죄인이기에
"이건 용서할 수 없어!"
사탄의 소리
비웃어 버리고

하나님의
안아 주신 그 사랑으로
끌어 안는 사람이 된다.

내가 너를 불쌍히 여김과 같이 너도 네 동료를 불쌍히 여김이
마땅하지 아니하냐(마 18:33).

아내 이름은 '아름'이고 남편 이름은 '다워'입니다.
부안 사는 부부입니다.

꽃보다

사람이 꽃처럼
아름답네요

사람이 꽃보다
아름답고 싶지요

사랑해야 합니다
주님처럼.

너희 안에 이 마음을 품으라
곧 그리스도 예수의 마음이니(빌 2:5).

십자가 보혈

내 주님 십자가에서
저토록 붉은 피
남김없이 흘리셔
죄로 죽은 나 살려 주셨습니다

별 같은 믿음의 선배들
주님의 빨간 보혈 은혜로
가슴, 인생 절절 끓어
십자가 사랑 전했습니다

내 인생 남은 나날
주님과 종들처럼
붉고 뜨거운 사랑
전하며 살겠습니다.

행복 열쇠

화려하지 않아도
환히 미소하니
행복해요

수 적어도
오순도순하니
외롭지 않아요

힘 하나 없어도
싸울 일 없으니
평화로워요

천국 열쇠
행복 열쇠.

제6부 사랑 97

긍휼

잘 입힌 것
아닌데도

보듬는 이
없는데도

겨울비 아이 몸
차갑게 얼려도

마냥
웃던 그 아이

겨울 이맘때면
가슴 두드린다.

지극히 작은 자 하나에게 한 것이 곧 내게 한 것이니라(마 25:40).

사랑

소나무가
소나무 아닌 나무
품듯이

부모님을
자식을
친구와 연인을
이웃과 남을
원수를

성에 덜 차도
받아 주는
것입니다.

받침대

아니었으면
넘어졌을
저 나무
받쳐 주는
받침대처럼

내가 한
말 행동이
넘어졌을 인생 마음
받쳐 준 적
있었던가?

허물

꽃으로
온통
아름답게
덮어 주듯

꽃처럼
온통
눈물겹게
덮어 주길

주님 사랑으로
너무 그래도.

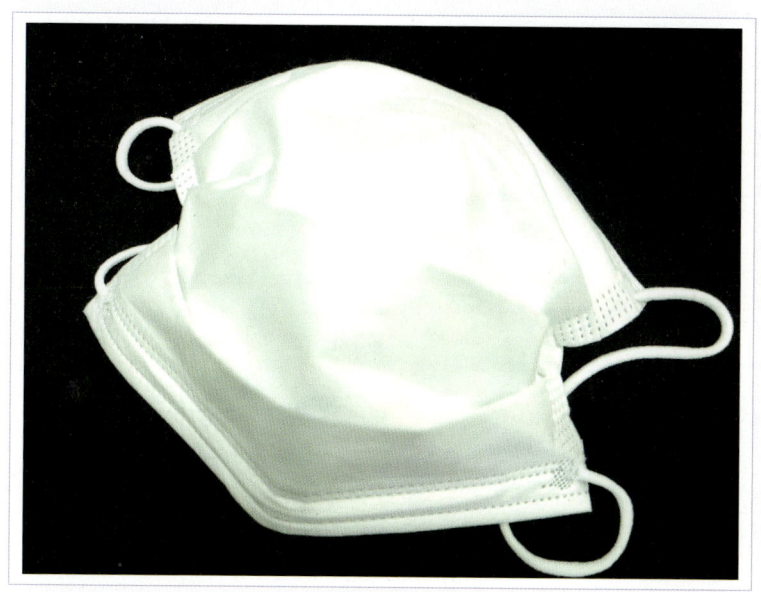

코로나처럼

그렇게
험한 소릴 해도
안색 하나 변치 않는

조금만
틈 보여 주면
어느새 달려드는

제까짓 게
가면 얼마나 가? 해도
예까지 견뎌 온

코로나처럼
사랑 한번
해 봐?

우리 사랑

서운할 때도
미심쩍을 때도
화가 날 때도
후회스러울 때도
원망스러울 때도
있고 말고요.

하지만
어쩌겠어요
묶어 주셨는데

그분 사랑으로
사랑하려고요.

보라 형제가 연합하여 동거함이 어찌 그리 선하고 아름다운고(시 133:1).

사랑

선홍빛 철쭉
이렇게 피워 내는
4월의 대지어
열정 사랑
너에게 배운다

십자가 보혈 사랑
온 세상 사람 위해
붉게 쏟아 주신
그 사랑으로
살고픕니다.

제7부 소망

예수 그리스도를 죽은 자 가운데서 부활하게 하심으로 말미암아
우리를 거듭나게 하사 산 소망이 있게 하시며(벧전 1:3).

뭐가 큰일인가요?
돈이 없는 거
건강을 잃는 거
사업과 직장을 잃는 거
사랑하는 이와 헤어지는 거
큰일입니다.

희망과 소망이
없거나 잃는 건
큰일 중 큰일입니다.

하늘 가는 밝은 길이 내 앞에 있으니
예수님 믿는 행복감 중에 최고의 행복감은
죽음 후에 천국 가는 소망입니다.

어두울수록 빛나는 밤하늘 별처럼
하나님 주신 산 소망이 넘치는
이 하루, 생애였으면 소원합니다.

일몰 묵상

오늘 해 질 녘
하늘 서쪽처럼
구름자락 모양 색깔만
늘 보는 광경 아니어도

내 주님 오시려나
설렌 가슴 손 얹으시고
그리던 님들이시여

요지부동 그 소망
뜨거운 사랑
결 같은 믿음

이 작은 내게도
부어 주소서
주님.

그러므로 깨어 있으라(마 24:42).

그날

주님 오시는 날
바라보며 살기에
좁고 외로운 삶이어도

그날 주시는 면류관
바라보는
기쁨으로

홍수 때 힘쓰는
저 뾰족 다리처럼
살아가게 해 주소서.

제7부 소망 107

나무처럼

하늘 향한
나무들

푸릇푸릇 푸르듯
생명 믿음 되길

서로서로 닮듯이
주님 닮기를

구하옵니다
나무들처럼.

백향목

하늘 이고 땅 짚고
천 년 견디는
백향목 그 가슴속

백 세 살면
꽤 산다는 사람들
감인들 잡을까마는

영생살이 산 소망
내 속에 있어
백향목 안 부러워.

나팔꽃 소원

소리만 아니고
빛으로
모습으로까지

주님 뜻
주님의 은혜
세상에 외치는

나팔이고픈
소원입니다.

바람

너
땅속 뿌리내리듯
삶 깊이 믿음
뿌리내렸으면

너
하늘 사무치듯
주님
사모했으면

너
나무들과 어울리듯
이웃
사랑했으면.

소원

꽃님의
침묵
향기
부드러움
나도
닮았으면!

주는 저 산 밑에 백합 빛나는 새벽별 이 땅 위에 비길 것이 없도다(찬송 88장).

하늘처럼

저 천국
소망

내 주님
사랑

은혜 갈망
기도

아픈 이 위한
도고

새 얼굴 내민
하늘처럼.

베이징 올림픽에서 금메달을 딴 최민정 선수의 모습을 뉴스에서 보고 감격하여 카메라 셔터를 눌러 영광스러운 장면을 사진으로 남겼다.

그날

이 세상살이
마치는 그날

주님만이
아시는 그날

믿는 우리
사모하는 그날

그날이 오면
우리도 이처럼
환히 웃으리.

해넘이

동쪽에서 서쪽까지
잰걸음 달려온 해님
해넘이 하면

하루가 꾸벅하고
이해가 저물고
우리 일생도
넘어갑니다

세월을 아끼라
가슴에 적어 주곤.

제8부 예배와 찬양

하나님은 영이시니 예배하는 자가 영과 진리로 예배할지니라(요 4:24).

예배는
예수 믿는 사람들에게

그림자입니다.
평생 동행하니까요.

밥상입니다.
영의 양식을 먹으니까요.

심장입니다.
예배만큼 영적으로 사니까요.

GPS입니다.
하나님의 이끄심 받으니까요.

통로입니다.
복과 능력을 받으니까요.

코로나19 이전 하사나음악회 모습입니다.

찬양 있는 곳

나 같은 죄인 살리신
은혜 가득한 마음

하늘 문을 여는 열쇠
감사 기도의 마음

아하 우리 한 가족
서로 사랑 마음
찬양이 있는 곳.

예배

영광과 거룩
믿음 소망 사랑
택하신 백성 자녀
찬송 말씀 봉헌
충만한 예배로

회복시켜 주시는
긍휼하심을
부어 주소서.

하늘

노래하네
  넓고
    높고
      크신
하나님의 은혜
  해넘이 하늘.

하늘이 하나님의 영광을 선포하고(시 19:1).

무조건

꽃들의
합창
  함성
    수업
      모임
뭐라 해도
어찌해도
언제여도 좋아요

주님께라면.

제9부 은혜의 소통

사도들이 큰 권능으로 주 예수의 부활을 증언하니
무리가 큰 은혜를 받아(행 4:33).

좋은 차라도 윤활유를 제때 안 치면
결국 망가지고 맙니다.

인생의 윤활유는
가정과 교회의 윤활유는
사람 됨됨이의 윤활유는 은혜입니다.

그 은혜는 바로
성부 성자 성령 하나님이십니다.
하나님의 아가페 사랑입니다.
예수 그리스도의 십자가 희생입니다.
죄인들을 죄에서 해방하여 주심입니다.
은혜는 생명이 오가는 소통입니다.

초대 교회가 하나님 나라를
모종삽으로 떠 놓은 듯 연출한 것은
기도하니 주신 은혜 때문이었습니다.

기도

나무야
나무야 너도
속 썩는 일
속 썩이는 이
그리도 많으냐?

썩고 상한
사람 속처럼
상했으니 말이지!

그래서
고쳐서 싸매 주시는
은혜의 주님께
팔 벌려 올리고
치료하여 주소서
간구하는구나!

내가 주께 기도하나이다(시 5:2).

남미 볼리비아 코차밤바의 작고 어려운 교회당 모습

아픔

파란 하늘
눈부신 햇살
잠시 들르는 바람
밤새 속삭이는 밤별
뽀얀 달빛

남미 코차밤바
가난한 영생교회 지붕
뻥 뚫린 자리마다
그려지는 슬픈 그림
울컥 가슴
아려 옵니다.

터널

모두가
큰 산이라 해도
산속의 길 보며
서로 저 끝 환하기까지
파고 뚫어서
두 끝 서로 통하는
터널 열었지요

모두가
못마땅한 사람이어도
우리 행복 바라며
서로 천사로 보이기까지
얘기하고 또 하면
마음 오가는 터널 길
열리지요.

회상

그 시절 우리
어깨 두른 책보자기
칙칙한 교실 벽
못 먹는 점심시간
그래도 웃던 아이들
가슴 찬 희망
땡그랑 일깨우던
포탄 피 학교 종소리

2020년 초봄
캄보디아 남쪽
시골 어느 초등학교
폐차 휠 학교 종
만난 순간 켜져 겹친
가슴 닮은 꼴 동영상

지금도 보이는.

그리움

파도 소리
등의자
해송 숲
오솔길

그 카페
창가에 다가서는
그리운 풍경들

사이로 들리는
바람과 마음 소리
님의 소리.

선물

아름다움
드리고픈

진정
드리고픈

사랑
드리고픈

마음 묶음
다발입니다.

초청

시달린 눈
편케 해 주는
숲의 품과 색채

지친 이들
"앉아요!" 하는
팔걸이의자

수고하고
무거운 짐 진 이들
다 오라 하시는
주님 음성.

봄을 기다리며

아무리 가느다래도
가지가 목련을
피워 내는 것처럼
아무리 초라해 보여도
사람답게 살려는 이가
사람의 길을 버린 이를
결국 이긴다는 걸
목련처럼 믿습니다.

물과 바위

사랑을
부드럽게
단단하게
물처럼
바위처럼

신앙을
부드럽게
단단하게
물처럼
바위처럼

괜스레
딱딱거리고
맥없는
틈바구니서.

바위: 강하고 담대하라(수 1:6).
물: 나는 마음이 온유하고 겸손하니(마 11:29).

만남

떠나온
고향 갈 채비 서두는
철새 친구들

뾰족 파릇
옷 입고 오시는
봄 처녀님

부안 사는 행복

해마다 요맘때
고마제서 만나는
주님 섭리.

제9부 은혜의 소통 131

어떤 새벽

그냥 사는 사람들
만나는 새벽은
하루 시작입니다

힘겹게 사는 이에게
닥쳐온 새벽은
그래도 희망입니다

믿음으로 사는 이
반기는 새벽은
주님과 함께입니다.

새벽 아직도 밝기 전에 예수께서 일어나 나가 한적한 곳으로 가사
거기서 기도하시더니(막 1:35).

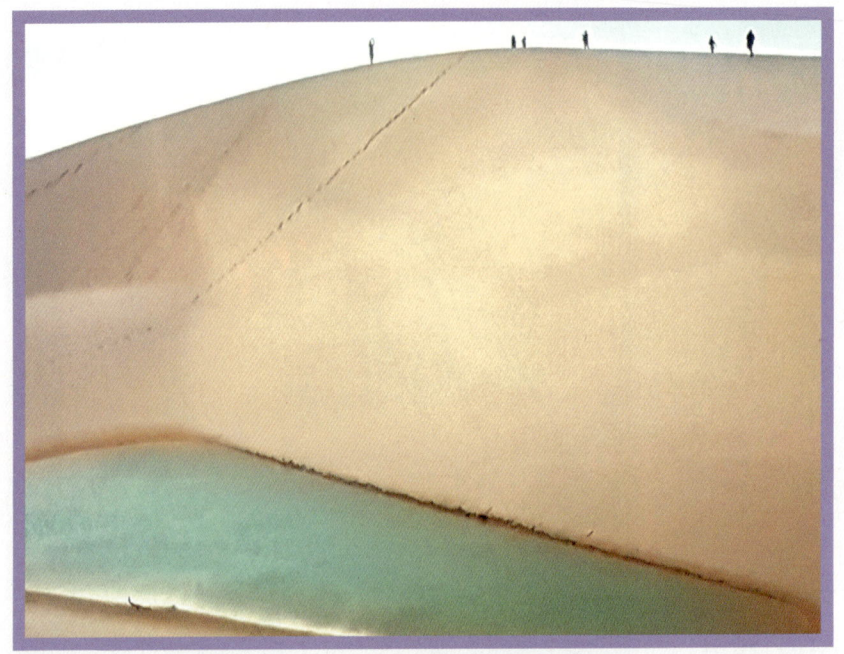

역전

사막에도
걷다 보면
호수가
있습니다

우리 인생 사막도
닮은 꼴입니다

사는 맛과
힘이 나는
이유입니다.

저녁 셈

나무 보기에
안쓰러웠나 봐요
사람들 마음 닫고
사는 게 …

활활 가슴 열고는
이렇게 살아들 봐요
다짐한 충고입니다
해넘이 때마다

그 사랑
셈하는 행복.

인내

길고 모진 겨울
설레지 아니하고
깊게 대지에
뿌리내리고
하늘 사모하더니

마침내
꽃으로 피어난
그대.

솔로몬의 모든 영광으로도 입은 것이 이 꽃 하나만 같지 못하였느니라(마 6:29).

두 사람

"욱여싸고 짓눌러서
살 수가 없어요"
말하는
풀과 사람이
있습니다

"욱여싸고 짓눌러도
살아냈습니다"
말하는
풀과 사람이
있습니다.

노을

말없이
미련 없이
지는
이날 해넘이

주님과
진리를 위해
묵묵히 사는
인생 해넘이.

제9부 은혜의 소통

동행

숲과 호수
다정히 가는
길이 있습니다

우리 서로 달라도
그렇게
가야 합니다

먼 훗날,
그러길 잘했어!
할 수 있게
말이죠.

길 끝

숲속 길 끝엔
어떤 길이 있을까?
누가 걸을까?
누굴 만날까?

우리 인생길 끝엔
어떤 길이 있을까?
누가 걸을까?
누굴 만날까?

숲으로 난 길
삶 속에 난 길

우리가 만들고
가야 할 길.

하여 주소서

나 있는
그 자리에서

주님의
참사랑 생명의
빛깔을
모습을

항상 잘
드러내도록
함께하여 주소서

그 자리가 비록
그러기 어려워도.

제10부 공의와 진리

공의와 정의를 행하는 것은 제사드리는 것보다
여호와께서 기쁘시게 여기시느니라(잠 21:3).

교회를 다니고 하나님을 믿는 이유로
오직 마음의 기쁨과 평안만을
염두에 둘 수 있습니다.

그건 마치 식사하는 사람이,
음식만 입맛에 맞기를 바라면서
그릇은 깨졌든지 개밥 그릇처럼 더럽든지
신경 쓰지 않는다는 것과 같습니다.

하나님께서는
은혜와 사랑의 하나님이십니다.
그리고 공의와 진리의 하나님이십니다.

그러므로 하나님 믿는 사람들은
하나님 사랑을 영원무궁 믿어야 합니다.
예수 그리스도 안의 하나님 사랑입니다.
그만큼 하나님께서 공의와 진리 되심은
요지부동 믿어야 합니다.

제10부 공의와 진리   141

선물

살아 있음이
죽임을

다사로움이
냉정함을

사랑이
미움을

진실이
거짓을

마침내 이김을
보여 주는

봄 드립니다.

일으켜 주소서

역사 교회 양심
어쩌지 못하는 캄캄함

밀어내고 쫓아내는
빛으로 일으켜 주소서

고개 숙인 종들
저 해처럼.

일어나 빛을 발하라(사 60:1).

그래도

사람들
눈길 적은
구석 자리해도

꽃과 잎
많이 떨어져
볼품없어도

기죽지 않고
자리 지키는

널 배운다.

제2권 설교집

동행하며 나누는

말·씀

제1부 감사

제2부 사랑

제3부 믿음

제4부 소망

제1부
감사

그리스도의 평강이 너희 마음을 주장하게 하라
너희는 평강을 위하여 한 몸으로 부르심을 받았나니
너희는 또한 감사하는 자가 되라(골 3:15).

•

감사는 감사의 시작입니다.
감사는 감사의 완성입니다.
– 앙리 프레데릭 아미엘

•
•

감사했더라면 더 좋았을 사람이 있습니다.
그 사람이 바로 나입니다.

제1장

주 안에서 기뻐하라

[빌립보서 4:4-7]

흔히 "웃는 얼굴에 침 못 뱉는다"라고 합니다. 웃는 사람은 적이 없다는 말입니다. 그런가 하면 "웃으면 복이 온다"라고도 합니다. 찌푸리고 있는 사람보다는 웃으며 사는 사람이 형통하고 평안이 넘친다는 뜻입니다. 웃으면 주위 사람이 호감을 가지고 나에게로 다가와서 친밀한 사이가 되니까 그만큼 모든 면에서 좋습니다. 찌푸리면 될 일도 안 되기 쉽습니다. 하지만 웃으면 안 될 일도 되는 것입니다.

사람의 얼굴이 웃으면, 사람 속의 내장 기관도 웃는다고 합니다. 그만큼 기쁘게 사는 것이 건강에도 유익합니다.

예뻐지고 싶어서 야단인 분들이 많습니다. 사실 웃는 얼굴보다 더 아름다운 얼굴은 없습니다. 그러니까 웃는 것은 가장 가성비가 좋은 화장법입니다.

명절이 기다려지고 행복한 이유는 맛있는 음식이 넉넉하기 때문이고, 떨어져 사는 가족과 친지들을 만날 수 있어서 기쁘고 즐거운 웃음꽃이 피어나기 때문입니다.

하나님께서는 예수 그리스도를 믿고서 구원받은 자들에게 기뻐하라고 하십니다.

주 안에서 항상 기뻐하라 내가 다시 말하노니 기뻐하라(빌 4:4).

죄와 사탄은 우리를 슬프게 하지만, 하나님께서는 우리를 기쁘게 해 주십니다. 구원은 기쁨입니다. 구원받은 성도가 기쁘게 생활할 때 하나님께서 영광을 받으십니다. 하나님께서는 구원해 주신 성도의 인생 전체가 샘물이 넘쳐 나듯이 즐거움이 넘쳐 나기를 원하십니다.

1. 성삼위 하나님을 확실히 믿으면 기뻐하게 됩니다

성부·성자·성령 삼위의 하나님은 각각의 성도가 구원받도록, 구원받은 자들로서 복되고 진리 안에서 살도록 도와주십니다. 그러므로 성도는 믿지 않는 이들과는 전혀 다르게 기뻐할 수 있습니다.

성부 하나님께서는 우주 만물을 지으시고 하나님의 독생자를 보내 주셨습니다. 나를 죄에서 구원하시려고 화목제물로 보내 주셨습니다. 그 사랑을 믿으면 진정 기뻐하게 됩니다. 하나님을 믿는 자부심이 넘쳐 나니 기쁜 것입니다.

성자 하나님이신 예수님은 죄를 범한 나를 살려 주려고 나 대신 십자가에서 피 흘리고 죽으셨습니다. 그 은혜를 믿으면 항상 기뻐하게 됩니다.

성령 하나님께서는 하나님 백성으로 구원받은 우리 속에서 계속 위로하시고 감화, 감동 시키십니다. 그러니 우리는 기뻐할 수 있습니다.

성삼위 하나님 때문에 얻는 기쁨은, 하나님을 믿지 않는 사람은 전혀 알 수가 없습니다. 이 기쁨은 세상의 모든 기쁨과는 전혀 다른 기쁨입니다.

2. 하나님과 통하면 기뻐하며 생활하게 됩니다

인류는 스마트폰을 사용하게 되면서 과거 어느 때보다도 소통을 잘하는 행복을 누리며 살고 있습니다.

하나님께서는 예수 그리스도 안에서 구원받고 사는 성도에게 기도로 하나님과 소통하는 특권을 누리게 해 주셨습니다. 기도를 생활화하는 사람은 하나님과 통하는 사람이 되어서 기쁨이 넘치게 됩니다.

사막은 삭막한 모래 광야가 끝없이 펼쳐집니다. 그런데 그 사막에 푸른 숲이 있고 샘이 있고 심지어 수영장까지 있는 경우가 있습니다. 그런 곳을 오아시스라고 부릅니다. 오아시스는 사막의 땅속 깊은 곳에 있는 지하수층과 통하는 곳입니다. 그러므로 많은 지하수가 흘러나와서 그처럼 숲이 형성되고 샘에서 식수를 얻게 되며 수영장으로도 이용할 수 있습니다. 거기서 야자, 파인애플, 바나나 등을 재배하기도 합니다.

우리가 사는 인생은 때때로 메마르고 삭막한 사막과 같습니다. 그런 현실의 삶 속에서 기도로 하나님과 통하는 사람은 지하수가 흘러나오는 것처럼 기쁨이 넘치는 사람이 됩니다. 하나님께서 다 주시기 때문입니다.

기도로 하나님과 통하는 사람은, 하나님께서 예비해 놓으신 천국과 통하는 사람이기 때문에 소망이 넘치는 만큼 기쁨이 넘치는 삶을 살게 됩니다.

3. 예수님 마음으로 살면 기쁨이 넘치는 사람이 됩니다

인생은 정말 마음먹기에 따라서 달라집니다. 우울한 마음을 먹으면 꽃밭을 걸어도 기뻐할 수 없는 사람이 됩니다. 누가 봐도 괴롭게 느껴질 만한 일이 있어도 예수님 마음을 먹으면 기쁘게 살게 됩니다.

예수님 마음은 어떤 마음인가요?

첫째, 온유한 마음입니다.

따뜻하고 부드러우신 예수님 마음입니다. 우리는 너무나도 쉽게 냉정하고 딱딱하고 거친 마음과 거기에서 나오는 차가운 말과 표정과 제스처로 사람을 대합니다. 그렇지만 예수님의 온유한 마음으로 대하면 자신과 다른 사람들이 함께 기뻐하며 살게 됩니다.

둘째, 겸손한 마음입니다.

겸손한 사람이 별로 없습니다. 너도나도 잘난 척하며 교만하게 살아갑니다. 예수님은 "나는 마음이 온유하고 겸손하니 나의 멍에를 메고 내게 배우라"(마 11:29)라고 하십니다. 예수님처럼 겸손한 마음으로 살면 모두가 기쁨이 넘치게 됩니다. 겸손한 마음은 자신을 낮추고 상대편을 높이는 마음입니다. 예수님처럼 나 자신을 낮추고 다른 사람을 존중하는 사람은 항상 기뻐하며 살 수 있습니다. 겸손한 마음은 순종하는 마음입니다. 내 생각, 판단, 고집을 내려놓고서 하나님께 순종하면 기쁨이 넘칩니다.

셋째, 진실한 마음입니다.

자칫하면 겉과 속이 다르고 앞과 뒤가 다른 사람이 되기 쉽습니다. 예수님은 진실하십니다. 예수님은 어제나 오늘이나 영원토록 동일한 분이십니다. 그러므로 예수님을 믿는 사람도 어제나 오늘이나 영원토록 변하지 않는 진실한 사람이 되기를 원하고 힘쓰면 기뻐하는 사람이 됩니다.

넷째, 사랑의 마음입니다.

사랑은 주는 것입니다. 사랑하지 않는 사람은 주기는 싫어하고 받는 것만을 좋아합니다. 예수님의 마음은 사랑하는 마음이어서 우리에게 모든 것을 주셨습니다. 하나님이신데 사람이 되어 주시고, 무시당하는 사람들의 친구가 되어 주시고, 병든 사람들을 고쳐 주시고, 배고픈 사람들을 먹여 주시고, 두려워서 떠는 사람을 안심시켜 주시고, 귀신 들린 사람을 고쳐 주시고, 잘못한 사람을 용서하여 주시고, 죄인들을 대신해서 피를 흘려 주시고, 죽음을 이기고 부활하여 주시고, 부활을 믿지 않는 자들을 만나 주셨습니다.

믿는 우리가 예수님처럼 주는 사랑을 하면 기쁨이 넘치게 해 주십니다. 그러므로 당신도 예수님처럼 다른 사람들을 용서해 주고, 어려운 사람의 친구가 되어 주기를 바랍니다.

빌립보서는 바울 사도가 감옥에서 감옥 밖에 있는 사람들에게 쓴 편지입니다. 살기 나쁜 곳이 있겠지만 감옥보다 나쁜 곳은 별로 없습니다. 감옥은 최악이라고 할 만큼 인생에서 가장 나쁜 곳입니다. 하나님을 믿는 사람인 바울은 거기 있으면서도 오히려 감옥 밖에 있는 사람들에게 기뻐하라고 합니다. 하나님을 진정 믿는 사람은 바울처럼 기뻐하게 됩니다. 그렇게 기뻐할 수 있는 은혜를 받습니다.

몰로카이섬은 하와이 제도에 있는 섬인데 나병 환자 요양소가 있는 곳입니다. 거기서 나병 환자들에게 복음을 전했던 성 다미안 신부와 관련된 일화를 소개합니다.

처음에 다미안 신부가 아무리 진실하게 하나님의 사랑과 복음을 전해도 요양소에 있는 나병 환자들이 그를 비웃었습니다. 아마 이런 마음으로 거부했던 것 같습니다.

'당신이 우리처럼 나병에 걸렸다면 그렇게 사랑이니 어쩌니 할 수 없을걸. 어림없지.'

그러던 어느 날 다미안 신부는 실수로 자기 몸에 아주 뜨거운 물을 쏟았는데도 전혀 뜨겁게 느껴지지 않았습니다. 그도 나병에 걸린 것이었습니다. 그 순간 그가 펄쩍펄쩍 뛰며 기뻐했다고 합니다.

"나도 드디어 나병 환자가 되었구나!"

지금까지 나병 환자가 아니라서 저러는 것이라고 비웃으면서 하나님의 복음을 거부하던 사람들이, 이제는 자기들처럼 나병 환자가 된 다미안 신부가 전해 주는 하나님의 말씀과 사랑을 받아들일 것이기 때문에 그렇게 기뻐했던 것입니다.

예수님을 믿는 성도의 기쁨은 바로 이와 같은 기쁨입니다. 당신에게 이런 기쁨이 넘치기를 바랍니다. 하루하루가 기쁨으로 넘쳐 나기를 기원합니다.

행복 플러스의 사람

[누가복음 17:11-19]

여름철에는 무더워서 자칫 짜증이 나기 쉽습니다. 어떻게 하면 여름을 시원하게 지낼 수 있을까요? 대번에 '에어컨 빵빵하게 틀고 살면 되지!'라고 생각하는 사람도 있겠지만, 전기세가 많이 올라서 형편이 어려운 사람에게는 그것도 쉬운 일이 아닙니다.

그보다도 더 시원한 피서법이 있습니다. 바로 감사하면서 사는 것입니다. 감사하면 마음도 시원합니다. 불평하면 에어컨 빵빵하게 틀어도 마음이 시원하지는 않습니다.

최효선의 글 〈방귀 감사〉에 이런 내용이 있습니다.

> 수술 후 하루가 지났다. 점심 무렵 밥 아주머님이 묻는다.
> "방귀 나오셨어요?"
> "아니요."
> 그랬더니 말씀하신다.
> "방귀 나오면 알려 주세요. 죽 드릴게."
> 회진 오신 선생님이 묻는다.
> "방귀 나왔어요?"
> "아니요!"
> "운동 많이 하세요."
> 아내가 병실로 돌아와서 대뜸 묻는다.
> "방귀 나왔어요?"
> 그놈의 방귀, 전에는 방귀 많이 뀐다고 핀잔하던 아내가 내 방귀를 애타게 기다린다.

목사님이 오셔서 기도 후에 물으신다.
"장로님, 방귀 나왔어요?"
"아니요, 아직."
병실에 들어서시는 분마다 방귀 타령이다.
며칠 전 새벽기도 시간에 어느 권사님의 감사헌금에 이렇게 적혀 있었다.
"하나님, 우리 며느리 방귀 나오게 해 주셔서 감사합니다."
새벽 예배당 안은 성도들의 웃음소리로 가득했다.
수술한 사람이 방귀가 나오지 않으면 음식을 먹을 수 없다. 초조하게 기다리다가 방귀가 나오면 이렇게 기뻐하는 것이다.
"아, 이제 살았다."
누구나 허구한 날 방귀를 뀌지만 그것이 중요한지 모르며 살아간다. 내가 당연한 것으로 여기는 일들이 누군가에게는 말할 수 없는 감사거리가 된다. 자녀들이 건강한 것, 남편이 출근하는 것, 군대 간 아들이 제대해 돌아오는 것이 감사요, 계절의 변화 가운데 푸른 하늘 뭉게구름에 억새가 어우러진 아름다운 제주에 산다는 것이 감사다.

범사에 감사하라 이는 그리스도 예수 안에서 너희를 향하신 하나님의 뜻이니라(살전 5:18).

그렇습니다. 방귀 감사는 범사 감사이고 인생과 마음을 시원스럽게 해 줍니다. 이런 감사 인생이 우리를 구원하여 주신 하나님의 기쁘신 뜻입니다. 방귀 감사 같은 감사를 많이 하여 덥고 답답할 때에도 시원함을 누릴 수 있기를 기원합니다.

1. 에덴동산에서도 불행한 사람

행복은 조건이 아니고 사람의 문제이고 마음의 문제입니다. 남보다 조건이 아무리 좋아도 매사에 불평불만을 늘어놓으면 불행합니다. 성경에도 그런 사람이 나옵니다.

하나님께서 아담과 하와를 이 세상 그 어디보다도 좋은 조건으로 가득 찬 에덴동산에 살게 해 주셨습니다. 그런데도 이 부부는 교만하고 욕심이 많아서 에덴동산을 주신 하나님께 은근히 또 노골적으로 불평불만을 늘어놓았습니다. 그 속을 빤히 읽은 사탄이 유혹하니까 '얼씨구나, 좋다!' 하고 사탄에게 동조했습니다. 부부가 서로 하나님을 거역하는 대화를 마구잡이로 주고받아서 죄를 최악으로 지었습니다. 그 결과 에덴동산에서 추방당했습니다. 감사하지 않으면 받은 것을 빼앗깁니다.

사도행전 5장의 초대 교회 성도들은 은혜와 성령이 충만하여 모든 물건을 서로 통용하고 자기 재산을 자기 것이라고 하지 않고 교회에 드려서 어려운 사람들을 돕게 했습니다. 그것을 본 아나니아와 삽비라 부부도 어려운 사람들을 도우려고 땅을 팔았는데 돈을 보니까 욕심이 생겼습니다. 그래서 일부는 감추고 일부만 드렸습니다. 사도들이 이게 다냐고 물으니, 다라고 했습니다.

이 부부는 경제적으로 괜찮게 살았습니다. 어려운 이들을 돕자는 대화도 했습니다. 마침 땅도 팔렸습니다. 처음 마음먹은 대로 했더라면 참 행복할 수 있었습니다. 그런데 욕심을 부렸습니다. 감사하지 않아서입니다. 하나님과 하나님의 종들을 속이니 하나님께서 그들의 생명을 거두어 가셨습니다.

만일 그들이 모든 것을 감사했다면 얼마나 행복하고 값진 인생을 살았을까요?

열왕기상 16장에서 22장을 보면 이스라엘 왕 아합이 하나님께 불순종하여 시돈의 제사장이자 왕인 엣바알의 딸 이세벨을 아내로 삼습니다. 그러고는 그 왕권을 부부 합작으로 온갖 범죄에 악용합니다. 결국에 아합은 전쟁터에서 죽고, 아내 이세벨은 창문 밖으로 던져져서 즉사하니 개들이 와서 먹었습니다. 만일 그들이 왕과 왕비로서 가진 모든 것에 감사하고 하나님을 섬겼다면, 그들의 인생은 더없이 아름답고 영광스러웠을 것입니다.

아담과 하와 부부, 아나니아와 삽비라 부부, 아합과 이세벨 부부 이 세 부부가 비참해진 공통점은, 남보다 가진 것이 많았음에도 감사하지 않은 것입니다. 우리 자신을 돌아볼 거울입니다.

2. 나병 치유를 선물로 받은 열 사람

누가복음 17장 11절에서 19절에는 나병을 앓는 열 사람의 이야기가 나옵니다.

예수님 당시 이 병에 걸린 사람은 살던 집이나 마을에서 가족이나 이웃과 같이 살 수가 없어서, 토굴이나 움막 등에서 홀로 혹은 그들끼리 모여 살았습니다.

이 무서운 병에 걸린 사람 열 명을 예수님이 고쳐 주셨습니다. 그런데 그중의 아홉 명은 그냥 가 버리고, 한 명만이 예수님에게로 와서 감사했습니다. 아마 그 아홉은 그 후 두고두고 마음에 걸렸을 것입니다.

감사한 한 사람은 예수님에게서 큰 칭찬을 받고, 영혼의 구원과 영생을 받았습니다. 나병을 고침받은 것도 커다란 행복인데, 그것과는 비교할 수 없이 더 큰 복도 받았습니다.

이처럼 감사하면 더 감사할 수 있게 하는 하나님이 주시는 복을 받게 됩니다. 감사드린 그 한 사람처럼 감사하는 우리가 될 수 있기를 간절히 기도합니다. 그것이 하나님의 뜻입니다.

미국의 기독교 교단에 속한 '그리스도연합교회'라는 곳에서는 '하루에 열 번의 감사 운동'을 했다고 합니다.

1. 일어나서, 새날을 주심과 생명을 연장시켜 주심에 감사.
2. 아침 식사할 때, 음식을 보며 만든 이의 정성과 수고에 감사.
3. 일터에 가면서, 일할 수 있는 건강과 일터를 주심에 감사.
4. 직장에서, 일터를 주심과 그 보람에 감사.
5. 무시당하고 오해받고 공격받을 때, 그런 도전 주심에 감사.
6. 칭찬을 받을 때, 겸손한 마음으로 만족함에 감사.
7. 점심에, 대화할 수 있는 동료 주심에 감사.
8. 저녁에, 한 상에서 함께 식사할 수 있는 가족을 주심에 감사.
9. 잠자리에서, 하루를 평안하게 인도해 주신 은혜에 감사.
10. 꿈속에서, 생명을 주신 은혜에 감사.

이 운동은 하루에 열 번만 감사하면 우리의 삶이 감사하는 행복으로 가득 차게 될 것이라는 취지에서 하는 운동입니다. 감사하는 사람이 가장 행복한 사람입니다.

3. 성령 충만하면 감사합니다

타락해서 불평불만을 늘어놓는 "묵은 땅"(호 10:12) 같은 마음이 감사하는 마음으로 달라져야 합니다. 그러자면 성령 충만을 받아야 합니다. 죄는 사람이 교만하고 욕심을 부리고 게으르고 불평하게 합니다. 그렇지만 성령님은 우리를 감사하게 하시고 기뻐하게 하시고 사랑하게 하시고 충성하게 하시고 진실하게 해 주십니다. 그 성령님은 겸손히 회개하며 기도하면 오셔서 함께하십니다.

> 너희가 악할지라도 좋은 것을 자식에게 줄 줄 알거든 하물며 너희 하늘 아버지께서 구하는 자에게 성령을 주시지 않겠느냐(눅 11:13).

날씨 때문에 사람 때문에 나 자신 때문에 짜증이 나려고 할 때, 짜증나기 전에 이렇게 간구하면 하나님께서 응답하십니다.
"하나님 아버지, 저에게 성령님을 보내 주셔서 감사하는 사람이 되게 하소서!"

제3장

다 감사하라

[출애굽기 23:16-17; 데살로니가전서 5:18]

　맥추감사주일(칠칠절)은 유월절, 초막절과 함께 이스라엘의 3대 절기입니다. 하나님께서 햇빛, 땅, 비, 지혜, 건강 등을 주셔서 밀보리의 첫 열매를 수확하게 해 주신 모든 은혜를 감사하라고 정해 주신 날입니다.
　이번 장에서 살펴볼 말씀은 이것입니다.

> 범사에 감사하라 이것이 그리스도 예수 안에서 너희를 향하신 하나님의 뜻이니라(살전 5:18).

　하나님께서는 범사에 감사하라, 즉 다 감사하라고 하십니다. 다 감사가 바로 하나님이 원하시는 감사입니다.
　다 감사하는 마음을 노래한 찬양이 가사를 함께 나누고 싶습니다.

> 나 주를 만나 나의 길 알았네. 세상 모든 자랑 나의 것 아님도.
> 날 위하여 자기 몸 버리신 그 사랑. 그 마음 이제는 내 자랑이네.
> 그 사랑 그려라, 한없는 아버지의 사랑.
> 고난의 길목에서 날 지켜 인도하시는 내 아버지.
> 당신 앞에 이 내 몸 다 드려도 내 평생 못 갚으리. 그저 감사할 뿐.
> - 〈그저 감사할 뿐〉, 김영삼 작사·작곡

　은혜로 구원받은 우리의 감사가 어떤 것인지를 잘 알려 주고 감사하게 해 주는 찬양입니다.

1. 감사는 우리를 창조하시고 구원하신 하나님의 뜻입니다

우리는 무엇을 할 때 목적을 가지고 합니다. 목적 없이 그냥 하거나 안 좋은 목적으로 하는 사람이 되지 않으려고 합니다. 하물며 하나님은 더욱더 그러하십니다. 그러므로 우리는 항상 하나님의 뜻이, 목적이 무엇인지를 알기 위해서 기도해야 합니다.

하나님께서 창조하실 때, 죄인들을 구원하실 때도 목적이 있으셨습니다. 그것은 창조와 구원의 은혜를 입은 인간이 감사하는 것입니다.

> 태초에 하나님이 천지를 창조하시니라(창 1:1).

성경을 시작하는 첫머리에서 하나님께서는 마치 독립선언처럼 선언적으로 하나님께서 우주 만물을 창조하셨다고 말씀합니다. 그리고 그 사실에 대해 감사하라고 하십니다.

> 하나님을 알되 하나님을 영화롭게도 아니하며 감사하지도 아니하고 오히려 그 생각이 허망하여지며 미련한 마음이 어두워졌나니(롬 1:21).

이 말씀에서는 우주 만물과 인간을 만드신 창조주 하나님께 감사드려야 할 사람이 감사하지도 않고 너무나도 잘못 살고 있다고 하십니다.

> 범사에 감사하라 이것이 그리스도 예수 안에서 너희를 향하신 하나님의 뜻이니라(살전 5:18).

이 말씀에서는 범사에 감사하라고 하십니다. 즉, 뭐든지 다 감사하라는 것입니다. 뭐든지 다 감사하는 것이 우리를 향하신 하나님의 뜻입니다.

모든 것이 결국에는 다 감사하라고 주시는 하나님의 은혜입니다. 우리를 이 땅에 보내 주시고 인생을 주신 목적도 다 감사하라는 것입니다. 가정과 가족에 대해서도 다 감사하라고 주님이 주셨습니다.

우리를 교회로 인도하시고 교회공동체를 이루게 하심도 다 감사하라는 뜻에서입니다. 각자에게 각기 다른 재능과 소유 등 달란트를 주신 이유도 감사하라는 것입니다.

감사는 하나님의 기쁨이고, 모든 것을 다는 진정한 저울입니다. 남보다도 좋은 재물, 자리, 건강, 인간관계, 성공 등을 덜 가지고 덜 누린다고 해도 감사하는 사람은 하나님께서 보시기에 성공한 사람입니다.

2. 감사하지 않는 것이 문제와 불행의 뿌리입니다

> 돈을 사랑함이 일만 악의 뿌리가 되나니 이것을 탐내는 자들은 미혹을 받아 믿음에서 떠나 많은 근심으로써 자기를 찔렀도다(딤전 6:10).

사람들이 그렇게 좋아하는 돈이 그토록 무섭도록 해로운 것입니다. 돈을 사랑하면 결국에는 믿음에서 떠나고 근심으로 자기를 찌르게 된다고 하나님은 말씀하십니다.

그렇습니다. 감사하지 않는 것은 일만 불행의 뿌리입니다. 감사하지 않아서 아담과 하와는 에덴동산에서 추방되고 죽었습니다.

만일 아담과 하와가 진심으로 감사했다면 어떻게 되었을까요?

우리가 지난날 슬프고 괴로운 일을 겪었을지라도 그때 진정 감사했다면 어떻게 되었을까요?

감사하면 말도, 행동도, 일 처리도, 표정도 예수님처럼 하게 됩니다. 그러면 점점 괴로움은 사라지고 기쁨, 평안, 형통이 넘쳐 납니다. 반대로 감사하지 않으면 불평불만이 시작되어 산불처럼 점점 더 커지고 코로나처럼 퍼집니다.

가정이 행복하지 않은 이유는 가족 구성원이 범사에 감사하지 않아서입니다. 사업이나 직장이 잘 안 되는 가장 큰 이유도 다 감사하지 않아서입니다. 교회가 더 하나님 나라처럼 되지 않는 이유도 다 감사하지 않아서입니다.

3. 감사하기를 힘써야 합니다

감사가 아닌 것을 감사로 바꾸어서 하나님께 드려야 합니다. 감사하지 않는 마음을 감사드리는 마음으로 바꾸어서 감사드려야 합니다. 불평불만이 가득한 말과 표정을 감사가 넘치는 말과 표정으로 바꾸어야 합니다. 인색함을 버리고 가진 것을 하나님께 드리고 이웃과 나누면서 다 감사해야 합니다. 자기 자신을 위하는 노래가 아닌 찬송을 불러서 감사해야 합니다.

다 감사하면 욕구불만, 서운한 마음, 시기, 질투, 열등감, 슬픔, 화, 외로움, 상실감, 잘난 척하는 마음이 안개처럼 없어집니다.

감사가 그처럼 좋고, 그래서 감사해야 하는데 안 되는 이유는 무엇 때문일까요?

그것은 바로 이기적인 마음 때문입니다. 자기중심적인 마음 때문입니다. 이기적인 마음은 감사와 정반대입니다. 자기중심적인 마음으로 살면 감사할 수 없습니다. 그런 마음을 가진 사람은 감사하지 않는 것이 자기에게 이익이 되는 줄로 착각하기 때문입니다.

4. 주님을 의지하면 감사가 됩니다

"나는 비록 약하나 주 예수는 강하다"라는 찬양 가사처럼 감사하기에는 믿음이 너무나도 약한 나이지만, 기도하면 주님이 도와주셔서 그런 나도 감사하는 성도가 되고 감사하는 믿음을 가지게 됩니다.

내게 능력 주시는 자 안에서 내가 모든 것을 할 수 있느니라(빌 4:13).

우리를 구원하신 주님은 우리가 감사하는 사람이 되게 도와주십니다. 주님의 그 도우심은 우리가 주님께 기도하면 주셔서 받는 것입니다.

전에 농구대잔치 여자부 경기에서 불같은 투혼으로 2전 3기의 신화를 창조한 SKC 여자농구 팀의 우승 뒤에는 기도의 힘이 있었다고 합니다.

상대 팀에 비해 '약간 열세'라는 당초 예상을 뒤엎고 유영주, 김지윤, 정선민, 이유진, 강현옥 선수로 이루어진 낭자군은 40분 동안 톱니바퀴처럼 일사불란한 팀워크를 보이며 단 한 번의 역전도 허용하지 않은 채 완승을 거두었습니다.

그 선수들 모두 독실한 신자로서 SKC의 승리가 확정되는 순간 누가 먼저라 할 것도 없이 코트에 엎드려 감사의 기도를 올렸습니다. 팀 창단 이후 21년 만에 처음으로 농구대잔치 우승을 차지한 감격을 기도로 표현한 것입니다.

팀 우승에 결정적으로 기여한 유영주 선수는 하나님께서 크고 비밀한 기적을 보여 주실 것으로 믿었다며 이렇게 말했습니다.

"힘과 기량에서 밀릴 것이라는 전문가들의 예상을 깨뜨린 것이 자랑스러워요. 경기에 앞서 선수들이 함께 기도했어요. 저희는 최선을 다할 테니 나머지는 하나님께서 책임지시라고요."

현실 속에서 기도하는 믿음, 감사하는 믿음으로 사는 성도들이 자랑스럽습니다. 저 또한 그런 신앙인이 되고 싶습니다.

제4장

감사의 사람 욥

[욥기 1:18-22]

1. 고난을 만난 욥

하나님을 믿는 사람 욥에게 고난이 닥쳤습니다. 욥은 산더미같이 재산이 쌓여 있던 재력가요, 열 자녀의 아버지였습니다. 요단강 동쪽 지역에서 가장 훌륭한 사람이었습니다. 무엇보다도 하나님을 향한 믿음이 큰 사람이었습니다.

그런 사람 욥에게 사탄의 흉계로 고난이 닥쳤습니다.

다음은 성경을 바탕으로 하나님과 사탄 사이의 대화를 간략하게 구성해 본 것입니다.

하나님: 내 종 욥은 온전하고 정직하다. 그처럼 하나님을 경외하며 악을 떠난 자는 세상에 없다.
사탄: 주께서 욥에게 많은 복을 주시고, 그 모든 것을 지켜 주시기 때문입니다. 그게 아니면 틀림없이 하나님께 욕할 것입니다.
하나님: 어디 한번 그의 재산을 건드려 봐라. 그러나 그의 생명을 건드리면 안 된다.

사악한 사탄의 흉계로 욥이 큰 고난을 당하게 되었습니다. 우선 산더미 같은 재산이 순식간에 사라졌습니다. 스바 사람들이 몰려와 소와 나귀를 죽이고 강탈해 갔습니다. 하늘에서 불이 떨어져 양과 종들을 태워 죽였습니다. 갈대아인들이 낙타와 종들을 죽이고 강탈해 갔습니다. 아끼는 많은 종이 한꺼번에 죽었습니다. 맏아들 생일

잔치를 하는데 큰바람이 불어닥쳐서 집이 무너져 열 자녀가 한꺼번에 죽었습니다.
하늘이 무너지고 땅이 꺼지는 것 이상의 고난이 닥쳤습니다.

2. 고난을 당한 욥의 믿음

그런데도 욥은 불평하거나 이렇게 묻지 않았습니다.
"하나님을 믿는 저에게 왜 이러시나요?"
평소 그의 모습을 보면 그 이유를 알 수 있습니다. 그는 믿음으로 살았습니다. 그의 아들들의 생일에는 딸들까지 함께 모여 잔치를 했는데, 잔치 후에 욥은 자녀의 명수대로 번제를 드렸습니다. 혹시 잔치를 즐기면서 자식 가운데 한 명이라도 범죄해서 하나님을 욕되게 했을까 봐서 그랬던 것입니다. 이것은 그의 믿음을 보여 주는 일면입니다. 욥은 늘 그렇게 믿음으로 생활했습니다.
이제 욥이 고난 속에서 어떻게 했는지 보겠습니다. 그는 죄를 고백하며 예배했습니다.

> 욥이 일어나 겉옷을 찢고 머리털을 밀고 땅에 엎드려 예배하며(욥 1:20).

'이 꼴, 이 모양인데 예배는 무슨!'
이렇게 생각하기 쉬웠을 텐데 그렇게 하지 않았습니다. 이렇게 묻지도 않았습니다.
"세상에 죄 없는 사람이 없는데, 새삼 회개는 무슨 회개요?"
사람마다 알고 지은 죄와 모르고 지은 죄가 있습니다. 누구나 인정하지 않고 묻어 둔 죄가 있습니다.
욥은 그런 죄를 생각하고 몸서리치며 회개했습니다. 겉옷을 찢으며 자기 죄를 찢고, 자아를 찢었습니다. 머리털을 밀면서 불신앙적인 생각을 미는 회개를 했습니다. 땅에 엎드려 교만을 땅바닥에 눕히고 하나님께 예배했습니다. 원망하고 불평할 처지인데, 욥은 회개하고 예배했습니다. 자신이 알몸 인생임을 고백했습니다.

> 내가 모태에서 알몸으로 나왔사온즉 또한 알몸이 그리로 돌아가올지라 (욥 1:21).

사람은 자신이 출생했을 때의 알몸을 기억하지 못하고 죽은 후의 알몸도 보지 못하는 존재입니다. 그런데 욥은 본 것처럼 고백합니다. 믿기 때문입니다. 그는 주신 것을 거두어 가시는 것이 하나님의 권한임을 고백했습니다. 죄는 인생의 주권과 결정권이 내 것이라며 사는 것입니다. 욥은 내 것이 아니고 하나님의 것이라고 말했습니다.

> 주신 이도 여호와시요 거두신 이도 여호와시오니(욥 1:21).

내 인생의 모든 것은 하나님께서 주신 것입니다. 고난은 하나님께서 맡기셨던 것을 가져가신 표시입니다.
욥은 하나님의 주권, 소유권, 결정권을 고스란히 믿고 살았습니다. 있던 것이 없어졌다고 하나님을 원망하지 않았습니다.

3. 욥은 감사했습니다

> 여호와의 이름이 찬송을 받으실지니이다(욥 1:21).

욥은 찬송하는 건 상상할 수 없는 심한 고난 가운데서도 찬송했습니다.

> 이 모든 일에 욥이 범죄하지 아니하고 하나님을 향하여 원망하지 아니하니라(욥 1:22).

믿음으로 감사하니, 고난 중에도 범죄하지 않았습니다.
공자는 그가 싫어하는 인간상 네 가지를 말했습니다.

첫째, 타인의 실패를 기뻐하는 자.
둘째, 윗사람을 헐뜯는 자를 맞장구치고 나중에 욕하는 자.
셋째, 용기는 있으나 예의가 없는 건방진 자.
넷째, 은혜를 원수로 갚는 자.

공자는 은혜를 받고서 감사하기는커녕 배반하는 자를 가장 싫어했습니다.
감사는 인간이 하는 모든 행위 중에 가장 좋은 것입니다.

항상 기뻐하라 쉬지 말고 기도하라 범사에 감사하라(살전 5:16-18).

이 말씀에는 성도가 해야 할 감사가 나옵니다.

첫째, 기뻐하는 마음의 감사.
둘째, 은혜를 회고하는 눈물의 감사.
셋째, 언어의 감사. 즉, 말로 하는 감사.
넷째, 기도하면서 하는 감사.
다섯째, 행위의 감사.

이런 것들이 우리가 할 감사입니다.
감사하는 사람에게는 다음과 같은 유익이 있습니다.

첫째, 몸과 마음이 건강해집니다.
둘째, 은혜가 흘러 들어옵니다.
셋째, 잘 가꾼 꽃밭처럼 아름다운 인생이 됩니다.
넷째, 사람들이 좋아하는 사람이 됩니다.
다섯째, 모든 관계가 형통합니다.
여섯째, 사랑하고 섬기는 능력이 생깁니다.
일곱째, 무조건 다 좋고 해로운 것이 없습니다.

『실락원』의 작가 존 밀턴은 시각장애인이 된 것을 감사하면서 이렇게 말했다고 합니다.

> 육의 눈은 어두워 보지 못하지만, 그 대신 영의 눈을 뜨게 되었으니 감사합니다.

그는 작가 이전에 진정한 신앙인이었습니다.

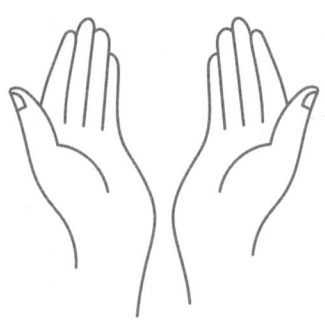

제5장

11시에 온 일꾼

[마태복음 20:1-16]

마태복음 20장에는 옛 이스라엘의 어느 포도원 주인과 일꾼들 이야기가 나옵니다.

어느 날 농장 주인이 인력시장에 가서 일꾼들을 데려왔습니다. 유대 시각으로 0시, 3시, 6시, 9시, 11시에 각각 데려왔습니다. 현재 우리 시각으로 하면 오전 6시, 9시, 12시, 오후 3시, 5시입니다. 주인은 그들에게 다 하루 품삯으로 한 데나리온씩을 주기로 약속했습니다.

저녁때 주인이 품삯을 주겠다고 일꾼들을 불렀습니다. 가장 늦게 11시(오후 5시)에 온 일꾼부터 주었습니다. 그리고 나머지 일꾼 모두에게 똑같이 한 데나리온씩 주었습니다. 그러니 먼저 온 일꾼들이 술렁입니다. 한 시간 일한 사람과 땡볕에서 종일 일한 사람에게 다 같은 품삯을 준다고 불평합니다.

그러자 주인은 그들의 대표로 나선 이에게 이렇게 말합니다. "친구여, 나는 너에게 잘못한 것이 없다. 한 데나리온 받기로 나와 약속하지 않았느냐. 받을 것을 받았으니 가지고 가라. 나중에 온 이 사람에게 너와 같이 주는 것이 내 뜻이니라. 내 것을 내 마음대로 하는 것은 당연한 것이 아니냐.

내가 틀린 것이 없는데 너는 나를 악하게 보느냐?

이와 같이 나중 된 자로서 먼저 되고, 먼저 된 자로서 나중 되리라."

이 이야기에서 포도원은 하나님을 믿는 세계, 즉 교회를 가리킵니다. 성경에서는 교회를 하나님의 신부, 백성, 집, 주님의 몸이라고 말씀합니다. 포도원에 다양한 사람이 와서 일하고 삶을 이어 간다는 점과 교회에 다양한 사람이 모여서 영원한 생명을 받는다는 점이 같습니다.

이 성경 말씀 속의 포도원 주인은 당시 이스라엘의 보통 포도원 주인과 다릅니다. 왜냐하면, 이 포도원 주인은 하나님께서 어떤 분이신지 보여 주기 때문입니다.

1. 너그러운 포도원 주인

이야기 속의 포도원 주인은 인력시장에서 오전 6시, 9시, 12시, 오후 3시, 5시에 연이어 일꾼들을 데려갑니다.

오전 6시, 대개 해 뜨기도 전에 인력시장에 오는 이는, 품삯을 버는 것이 누구보다도 절실한 사람입니다. 그런 상황에서 포도원 주인이 일꾼으로 써 주니 정말 고마운 일입니다.

이 주인은 그 후 오전 9시, 12시, 오후 3시, 5시에도 각각 사람을 데려갑니다. 이들은 인력시장에서 주인을 만났을 때 "우리를 써 주는 이가 없습니다"라고 말했습니다.

이처럼 주인은 하루 벌어서 먹고사는 사람에게 더없이 고마운 일을 합니다. 더구나 일한 시간에 상관없이 품삯을 다 한 데나리온씩 줍니다.

한마디로 말해서 이 포도원 주인은 바로 측량 못할 은혜와 사랑의 하나님이십니다.

2. 불의한 자를 질타하는 포도원 주인

예수님이 비유로 말씀하신 이 이야기에서 포도원 주인은 저녁때 품삯을 줍니다. 오후 5시에 온 사람부터 한 데나리온을 주었습니다. 그러자 일찍 온 사람들이 한 시간 일한 사람과 땡볕에서 종일 일한 사람에게 똑같이 품삯을 준다고 원망하고 따집니다. 만일 주인이 그들에게 베푼 은혜에 대해 먼저 가슴으로 감사했다면 불평하지 않았을 것입니다.

> 마음을 저울질하시는 이가 어찌 통찰하지 못하시겠으며(잠 24:12).

주인은 몇 시간 일했는지보다 그들 마음에 감사가 있는지를 보았습니다.

> 내 영혼아 여호와를 송축하며 그의 모든 은택을 잊지 말지어다(시 103:2).

샘물이 흘러넘치듯이 은혜받은 자는 고마워하는 마음이 넘쳐 나야 합니다. 그런데 그들 속에 감사는커녕 원망하고 따지는 마음이 가득합니다.

그러자 주인은 그들을 대표해 나선 이에게 말합니다.

"친구여, 나는 너에게 잘못한 것이 없다. 한 데나리온 받기로 나와 약속하지 않았느냐. 받을 것을 받았으니 가지고 가라. 나중에 온 이 사람에게 너와 같이 주는 것이 내 뜻이니라."

무서운 질타입니다. 은혜에 감사했다면 받지 않았을 질타였습니다. 우리의 모든 것과 구원받은 것은 전적으로 하나님의 은혜입니다. 구원받은 성도는 누구보다도 넘치는 감사를 가져야 합니다. 아니면 우리도 이 일꾼들처럼 하나님의 엄한 질타를 받을 것입니다.

3. 해 저물 때 온 일꾼을 소중히 여긴 포도원 주인

성경 말씀에서 포도원 주인은 저녁때 온 이에게 품삯을 먼저 줍니다. 그 일꾼에게 은혜에 대한 감사가 가득해 보였기에 그런 것입니다. 측량할 수 없는 주인의 은혜에 합당한 반응인 감사를 하였기 때문입니다.

그 일꾼은 아마 다른 인력시장에도 갔었지만 불러 주고 써 주는 데가 없었을 것입니다. 일을 잘할 것 같은 체격이 아니었거나 능력이 없어 보였을 것입니다. 그 늦은 시각까지 일할 데를 찾은 것을 보면 극히 가난했던 것 같습니다. 그런데 포도원에 와서 한 시간 일하면 하루 품삯을 준다는 말을 들었습니다. 기다리는 가족에게 가지고 갈 것이 생겨 참 다행이었습니다.

얼마나 고마운 마음, 주인을 기쁘게 해 드리고 싶은 마음이었을까요?

그런 마음으로 몸이 부서져라 일하는 것을 주인은 보았습니다. 그리고 한 데나리온을, 그것도 가장 먼저 그에게 주었습니다.

그런데 이런 입장이 되면 누구나 다 이렇게 고마워할까요?

아닙니다. 거만하고 자기 위주인 이들은 안 하고 못합니다. 받은 은혜를 잊지 않는 사람을 하나님도 잊지 않으십니다. 은혜받고 감사하는 사람에게 더 귀한 은혜를 주시는 주님이십니다.

> 내가 누려왔던 모든 것들이 내가 지나왔던 모든 시간이
> 내가 걸어왔던 모든 순간이 당연한 것 아니라 은혜였소.
> 아침 해가 뜨고 저녁의 노을 봄의 꽃향기와 가을의 열매
> 변하는 계절의 모든 순간이 당연한 것 아니라 은혜였소.
> 모든 것이 은혜 은혜 은혜 한없는 은혜
> 내 삶에 당연한 건 하나도 없었던 것을. 모든 것이 은혜 은혜였소.
> 내가 이 땅에 태어나 사는 것 어린아이 시절과 지금까지
> 숨을 쉬며 살며 꿈을 꾸는 삶 당연한 것 아니라 은혜였소.
> 내가 하나님의 자녀로 살며 오늘 찬양하고 예배하는 삶
> 복음을 전할 수 있는 축복이 당연한 것 아니라 은혜였소.
> 모든 것이 은혜 은혜 은혜 한없는 은혜
> 내 삶에 당연한 건 하나도 없었던 것을. 모든 것이 은혜 은혜였소.
> -〈은혜〉, 손경민 작사·작곡

이 노래는 우리 모두 사랑하고 공감하는 찬양입니다. 문제는 그만큼 많이, 진하게, 향기롭게 감사하며 생활하느냐 하는 것입니다.

스웨덴의 경제학자이자 정치가였던 함마르셸드는 국제연합 사무총장직을 재임하던 중 아프리카 콩고의 내전을 중재하러 갔다가 비행기 사고로 죽었습니다. 사망 후 노벨평화상을 수상한 그는 생전에 이런 말을 했습니다.

> 지나간 모든 것에 감사합니다. 그리고 다가올 모든 것에 감사합니다.

이렇게 감사하는 그는 많은 사람에게 힘과 용기를 주었습니다. 우리가 인생에서 그처럼 감사하면 포도원 주인이신 하나님을 기쁘시게 해 드릴 것입니다.

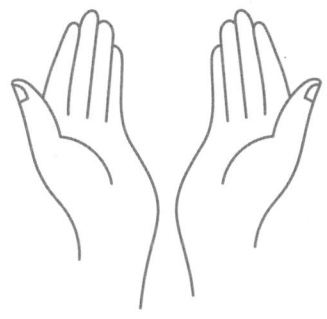

제2부
사랑

사랑은 이웃에게 악을 행하지 아니하나니
그러므로 사랑은 율법의 완성이니라(롬 13:10).

●

사랑받기 위해서 사랑하는 것이 인간이다.
그러나 사랑하기 위하여 사랑하는 것은 천사에 가깝다.
- A. D. 라마르틴

●

●

누군가를 사랑하는 사람의 행복은
사랑하는 행복이 점점 커지는 것입니다.

제1장

예수님을 닮은 사람

[창세기 50:15-21]

창세기 50장에는 야곱의 아들로 당시 애굽의 총리였던 요셉과 그를 오래전에 노예로 판 형들 사이의 일이 담겨 있습니다.

1. 큰 악을 저지른 사람들 – 요셉의 형제들

창세기 37장을 보면 요셉의 형들이 요셉을 미워한 이유가 나옵니다. 우선 이들은 아버지는 같지만 어머니가 서로 다른 형제들입니다. 더구나 그들의 아버지 야곱은 유독 요셉을 애지중지하였습니다. 예를 들면, 요셉만 채색옷을 입혀 주었습니다. 말을 해도 요셉한테는 더 자상하게 했습니다. 거기에다가 이 요셉이 가끔 꿈 얘기를 하는데, 꿈에서 형제들이 요셉에게 마치 왕에게 하듯이 절을 한다는 것이었습니다. 그래서 요셉의 형들은 요셉이 미웠습니다.

그래도 미워하는 마음을 그쳤어야 했습니다. 그치려 하지 않으니 그들의 악이 걷잡을 수 없이 커졌습니다.

그러다가 아버지의 심부름으로 양 떼를 치고 있는 형들에게 먹을 것을 가져다주러 온 요셉을 죽이려고 하는 데까지 이르렀습니다. 맏형 르우벤이 나중에 요셉을 꺼내 주려고 죽이지는 말고 구덩이에 넣자고 해서, 형제들이 요셉을 구덩이에 던졌습니다. 마침 이스마엘 무역상들이 지나가자 넷째인 유다가 말했습니다.

"우리가 그래도 피를 나눈 형제인데 쟤를 죽이지는 말고 그냥 돈받고 팔아 버리자."

그래서 은 이십을 받고 동생을 팔았습니다. 극악한 인신매매 범죄가 벌써 이때 자행된 것입니다.

이처럼 요셉의 형제들은 차마 사람이 사람에게 해서는 안 될 살인을 하려 했고, 물건이나 짐승을 팔듯이 사람을 파는 범죄를 저질렀습니다. 그것도 피를 나눈 형제를, 동생을 말입니다.

그들은 요셉을 순간적으로 미워한 것이 아니었습니다. 미움의 감정은 불 같아서 물을 퍼붓듯이 이해하고 용서하고 관용하면 점점 꺼집니다. 반면에 못마땅히 여기고 곱씹으면 점점 더 활활 타오르게 됩니다.

요셉의 형제들은 오래전부터 요셉을 미워했고, 그 오랜 세월 동안 형제인 요셉에 대한 미움을 곱씹으면서 그를 못마땅히 여겼습니다. 회개하지 않고 미워했습니다. 회개는 좋지 않은 무엇인가를 하다가 이제는 그만하는 것입니다. 요셉의 형들은 미움을 그만두려고 하지 않았습니다. 아무리 미워도 형제인데, 형제 사이를 원수 관계로 만들었습니다.

그런 그들이 아버지 별세 후에 요셉이 자기들을 미워하여 그에게 행한 악을 갚지 않을까 걱정합니다. 너무나도 당연한 염려입니다. 그러고는 잔꾀를 부려 이렇게 요셉에게 말합니다.

> 당신의 아버지가 돌아가시기 전에 명령하여 이르시기를 너희는 이같이 요셉에게 이르라 네 형들이 네게 악을 행하였을지라도 이제 바라건대 그들의 허물과 죄를 용서하라 하셨나니 당신 아버지의 하나님의 종들인 우리 죄를 이제 용서하소서(창 50:16-17).

요셉에게 보복당하지 않으려고 아버지를 이용하고, "하나님의 종들인 우리를 용서하소서" 하며 신앙을 이용하는 형들을 보면서 요셉은 기가 막혀서 그냥 울어 버립니다.

형들의 모습은 우리의 모습과 닮았습니다. 우리도 어떤 악을 시작하여 그 악을 그치지 않고 계속한 적이 지난날에 있었고, 지금도 그러고 있으며, 앞으로도 그렇게 할 여지가 많기 때문입니다. 짐승도 고마움을 알고, 해야 할 것과 하지 말아야 할 것을 압니다. 하물며 우리는 사람입니다. 하나님을 믿는 백성입니다. 하지 말아야 할 것은 어쩌다 시작했다 해도 그쳐야 합니다. 더 큰 악으로 퍼지지 않게 해야 합니다. 악을 뿌리면 반드시 악을 거둡니다. 선을 심으면 반드시 선을 거둡니다. 요셉의 형제들처럼 해서는 안 됩니다.

2. 예수님 닮은 사람 요셉

사람들 중에는 요셉의 형들 같은 못된 자도 있고 요셉 같은 선한 자도 있습니다. 언제 한번 그 막강한 애굽 총리의 권력으로 형들을 벌준 적이 없는 요셉입니다. 아버지 요셉이 별세했지만, 요셉이 변한 것은 없습니다.

사람들 가운데는 이때는 이러고 저때는 저러는 것을 처세술로 여기며 간교하고 얄팍하게 사는 사람이 꽤 많습니다. 그렇지만 요셉은 그렇게 하지 않았습니다. 하려고 하면 파리채 휘둘러서 파리 잡는 것보다 쉽게 할 수 있었지만 하지 않았습니다. 그는 사람의 길을 중시했습니다. 더 나아가서 하나님을 모시고 사는 사람의 길을 가는 것을 더 중시하고 행복하게 여겼습니다.

성경을 보면 예수님은 그분의 제자 가룟 유다가 예수님을 해치는 데 골몰하는 장로들과 제사장들과 통하는 것을 아셨지만 내버려 두셨습니다. 결국 썩은 고목처럼 쓰러질 길을 회개하지 않고 가고 있는 그를 더는 어찌 아니하시고 두셨습니다. 하나님은 요셉의 형들이 요셉을 팔 것을 빤히 아셨지만 내버려 두셨습니다. 우리는 하나님께서 주신 자유의지를 선용해서 살아야 합니다. 그것이 우리 각 사람의 몫입니다.

요셉은 누구보다도 하나님의 전지하심을 전적으로 인정하고 사는 사람이었습니다. 그러므로 두려워서 그의 앞에 와서 봐 달라고 비는 형들에게 이렇게 말합니다.

> 두려워하지 마소서 내가 하나님을 대신하리이까 당신들은 나를 해하려 하였으나 하나님은 그것을 선으로 바꾸사 오늘과 같이 많은 백성의 생명을 구원하게 하시려 하셨나니 당신들은 두려워하지 마소서 내가 당신들과 당신들의 자녀를 기르리이다(창 50:19-21).

심지어 요셉은 간곡한 말로 형들을 위로하였습니다. 그가 이렇게 할 수 있었던 것은, 하나님께서 죽음의 골짜기를 지나는 것과 같은 인생길 굽이굽이에서 도와주신 은혜에 늘 감사하며 살았기 때문입니다. 그가 청년 노예였을 때, 억울한 감옥살이를 할 때는 죽은 것이나 다름없었는데 애굽 총리까지 되게 하신 것은 하나님의 은혜입니다. 그는 원수 같은 형들을 하나님께 받은 사랑이 감사해서 용서한 것입니다.

요셉은 바울 사도가 나의 나 된 것은 하나님의 은혜로 된 것이라고 고백하며 산 것처럼 하나님의 사랑으로 사람을 보았습니다. 그래서 구약에서 가장 예수님을 닮은 사람이 요셉입니다.

'은혜 갚은 개'에 관한 일화 하나를 소개합니다.

기찻길이 지나가는 작은 시골에서 한 농부가 열심히 밭을 일구고 있었습니다. 그런데 평소 보지 못한 개 한 마리가 달려와 농부를 향해 맹렬히 짖어 댔습니다. 배가 고픈가 싶어 농부는 가지고 있던 음식을 조금 던져 주었습니다. 그렇지만 개는 음식을 거들떠보지도 않고 계속 짖기만 했습니다. 의아해하던 농부가 자세히 보니 개는 기찻길 한쪽과 농부를 번갈아 보며 짖어 대는 것이었습니다.

"기찻길 저쪽에 뭐가 있는 거니?"

농부가 다가가자 개는 마치 안내라도 하듯이 앞장서서 뛰었습니다. 개를 따라간 농부는 깜짝 놀랐습니다. 한 소녀가 철로에 발이 끼어 움직이지 못하고 있었던 것입니다.

멀리서 기차 소리가 들렸습니다. 농부는 서둘러 소녀의 발을 철로에서 빼 주었습니다. 다행히 기차가 가까이 오기 전에 철로에서 벗어날 수 있었습니다.

농부가 소녀에게 말했습니다.

"너희 집 개가 똑똑해서 정말 다행이구나. 이 개가 아니었으면 큰일 날 뻔했어."

그러자 소녀가 농부에게 말했습니다.

"저희 집 개가 아니라 조금 전 처음 본 개예요. 굶주린 것 같아서, 가지고 있던 빵과 물을 나누어 주었더니 계속 따라왔어요. 덕분에 살았네요. 정말 고마운 개예요."

은혜를 아는 동물의 이야기가 감동을 줍니다. 때로는 빵 한 조각의 사랑에도 그 안에 진심이 담겨 있으면 동물도 알고 자신의 목숨을 아끼지 않을 정도로 보답을 합니다. 우리는 십자가 안에 담긴, 나를 구원해 주신 주님의 은혜에 감사하고 그 뜻대로 살아야 할 것입니다.

임마누엘 칸트는 동물을 대하는 태도를 보면 그 사람의 본성을 판단할 수 있다고 했습니다. 그 말도 일리가 있지만 더 중요한 것은 하나님을 대하는 태도와 다른 사람을 대하는 태도입니다. 사람이 하나님을 어떻게 보느냐, 그리고 다른 사람을 어떻게 보느냐에 따라서 그가 진정 은혜를 아는 사람인지 알 수 있습니다.

요셉과 예수님처럼 하나님을 신뢰하고 감사하며 다른 이를 용서하고 사랑할 수 있기를 바랍니다.

제2장
말씀대로 부활하셨다

[누가복음 24:1-12]

　미국 매사추세츠주의 한 교회학교에 다녔던 여덟 살짜리 소년에 관한 이야기가 있습니다.
　톰은 늘 휠체어를 타고 올 정도로 많이 아팠지만 꼭 교회에 나왔다고 합니다. 부활주일을 앞두고 톰의 교회학교 선생님은 아이들에게 속이 비어 있는 플라스틱 계란을 주며 그 속에 무엇이든 생명이 있는 것을 넣어 오라고 했습니다.
　부활절 아침, 아이들이 차례로 연 플라스틱 계란 속에는 꽃이나 나뭇잎, 곤충 등 생명이 있는 것이 있었습니다. 톰 차례가 되었습니다. 그런데 톰의 계란은 비어 있었습니다. 빈 계란을 본 몇몇 아이가 깔깔 웃었지만, 선생님은 부드러운 말투로 톰을 위로했습니다.
　"준비하지 못했어도 괜찮아. 톰이 많이 아팠나 보구나."
　그때 톰이 말했습니다.
　"선생님, 저는 생명을 준비했어요. 이것은 예수님의 무덤이에요. 예수님은 부활하셔서 그 무덤이 비어 있었어요. 예수님의 빈 무덤은 예수님의 생명을 나타내는 것이잖아요."
　톰은 10개월 뒤에 숨을 거두었습니다. 그의 장례식 날, 그의 관에는 꽃 대신 빈 플라스틱 계란이 놓였습니다.
　이 소년의 말처럼 예수님은 부활하셔서 누우셨던 무덤이 빈 무덤이 되게 하셨습니다. 예수님은 말씀대로 부활하셨습니다.
　우선 구약 말씀대로 부활하셨습니다. 호세아 선지자가 예언한 대로 부활하셨습니다.

여호와께서 이틀 후에 우리를 살리시며 셋째 날에 우리를 일으키시리니 우리가 그의 앞에서 살리라(호 6:2).

요나 선지자가 물고기 뱃속에서 한 기도처럼 부활하셨습니다.

주께서 내 생명을 구덩이에서 건지셨나이다(욘 2:6).

시편 기자가 성령의 감동으로 고백한 것처럼 부활하셨습니다.

주께서 내 영혼을 스올에 버리지 아니하시며 주의 거룩한 자를 멸망시키지 않으실 것임이니이다(시 16:10).

신약에는 예수님의 부활에 관한 증언이 있습니다.

여기 계시지 않고 살아나셨느니라 갈릴리에 계실 때에 너희에게 어떻게 말씀하셨는지를 기억하라(눅 24:6).

예수님은 공생애 기간에 우리를 구원하기 위해 죽으시고 부활하셔야 한다고 여러 차례 말씀하셨습니다. 그리고 말씀대로 다시 사셨다고 부활 현장에 있던 천사가 말했습니다.
그러면 주님의 부활은 무엇입니까?

1. 예수님의 부활은 역사적 사실입니다

죽은 자가 다시 살아나는 것은 사람에게는 있을 수 없는 일입니다. 그렇지만 창조주 하나님께는 당연히 할 수 있으신 일입니다. 보통 종교들은 그들의 창시자를 신격화하기 위해서 그가 인간이 할 수 없는 일을 했다고 꾸며서 이야기합니다. 하지만, 예수님의 부활은 역사적 사실입니다. 역사적 사실임을 믿게 해 주는 요소가 아주 많습니다.

부활의 증거에는 어떤 것이 있을까요?

첫째, 제자들이 변했습니다.
제자들은 예수님이 십자가에 못 박히실 때 같이 죽을까 봐 다 도망갔습니다. 그런데 사도행전을 보면 죽는 것도 개의치 않고 예수님이 부활하셨다고 외치며 전합니다. 실제로 예수님이 부활하셨기 때문입니다(행 5:30-32).

둘째, 사복음(마태복음, 마가복음, 누가복음, 요한복음)입니다.
마태, 마가, 누가, 요한은 예수님이 부활하신 일을 마치 한 사람이 본 것처럼 동일하게, 마치 어제 본 일처럼 생생하고 자세하게 기록했습니다. 모든 복음서의 결론 또한 예수님의 부활과 지상명령입니다. 이러한 기록들이 부활은 역사적 사실임을 보여 줍니다.

셋째, 기독교 2천 년 역사입니다.
예수님의 부활이 역사적 사실이기에 오늘의 교회와 수십억 명의 신자가 있습니다. 예수님의 부활이 사실이기에 교회 역사 2천 년이 이어졌습니다. 역사적 사실이 아니면 꿈도 꿀 수 없는 일입니다.

넷째, 우리요 나입니다.
우리는 예수님이 하나님의 아들이시고 우리를 구원하려고 이 땅에 오신 것을 믿습니다. 또한, 우리는 예수님이 죄와 사탄과 죽음의 권세를 다 깨뜨리시고 다시 사신 것을 믿음으로 예배합니다. 우리는 매 주일 예수님이 부활하신 것을 믿고 생각하고 감사함으로 예배드리는 것입니다. 그러니까 우리가 바로 예수님이 다시 사신 것이 역사적 사실임을 생생하게 보여 주는 증거입니다.

2. 예수님의 부활은 승리입니다

예수님의 부활은 예수님이 죄를 이기시고, 사망 권세를 이기시고, 악을 이기시고, 사탄을 이기시고, 어둠의 권세를 이기시고, 회개하지 않고 죄악을 저지르는 자들을 물리치신 승리입니다. 사람은 대부분 죽는 것을 두려워하지만, 예수님이 부활하신 것을 믿는 사람은 죽음을 두려워하지 않습니다. 하나님께서 부활하신 예수님의 생명을 믿는 자에게 주셔서 영원히 사는 것을 생생하게 실감하기 때문입니다. 예수님의 부활은 죽음도 이기신 승리입니다.

3. 예수님의 부활은 믿어야 합니다

예수님은 죽은 나사로를 살려 주시면서 마르다, 마리아에게 말씀하셨습니다.

> 나는 부활이요 생명이니 나를 믿는 자는 죽어도 살겠고 무릇 살아서 나를 믿는 자는 영원히 죽지 아니하리니 이것을 네가 믿느냐(요 11:25-26).

예수님을 믿는 사람은 부활하신 예수님에게 붙은 가지입니다. 그래서 부활하신 예수님의 마음과 생명과 권능이 믿는 자의 것입니다. 하나님께서 그렇게 해 주십니다.

4. 예수님의 부활은 변하게 합니다

부활을 믿으면 믿음이 선명해지고 단단해집니다. 또한, 그의 성품이 하늘 백성답게 변화됩니다. 부활하신 예수님을 닮은 사람이 됩니다.
구체적으로 어떤 변화가 일어날까요?

첫째, 기쁨이 충만해집니다.
부활을 믿지 않을 때는 믿음이 미지근하고 불확실하니 죽는 것이 두렵고 떨렸습니다. 하지만, 이제는 예수님의 부활을 믿고 그 생명과 권능이 내 것이 되었기에 모든 슬픔과 원망이 다 사라지고 오직 기쁨과 감사만이 넘칩니다. 죽는 것이 무서워서 벌벌 떠는 대신 기쁨과 담대함이 넘쳐 납니다.

둘째, 복음 전도의 사명자가 됩니다.

예수님이 부활하신 것을 죽음도 두려워하지 않고 전하는 사람으로 바뀝니다. 부활하신 예수님을, 예수님의 부활을 전하여서 사람들을 구원하는 것을 사명으로 여기는 사람으로 바뀝니다.

셋째, 감사의 사람이 됩니다.

사람은 환경의 영향과 지배를 받습니다. 그렇지만 부활을 믿음으로 주님의 생명으로 사는 사람은 항상 감사로 환경을 이깁니다. 부활을 믿으면 항상 기뻐할 수 있습니다. 그리고 항상 모든 것에 다 감사할 수 있습니다.

이러한 부활신앙의 사람은 그가 속한 공동체를, 역사를, 사회를 바꾸는 사람이 됩니다. 세상을 변화시킵니다.

1973년, 우간다라고 하는 나라에 이디 아민이라는 대통령이 있었습니다. 이 독재자로 인해 우간다 국민이 꽤 오랫동안 고생을 했습니다. 당시는 아민 대통령을 반대하는 무리면 무조건 죽여 버리던 때였습니다.

그때 우간다에서 가장 큰 교회를 담임하는 키파샘판디라고 하는 목사님이 있었습니다. 부활절 아침, 그분이 목회하는 교회로 암살단이 쳐들어왔습니다. 대통령을 반대하는 목사님을 죽이기 위해서입니다. 암살단이 그분에게 총을 들이댔습니다. 그러자 목사님이 싱긋이 웃으며 말했습니다.

"내가 이제 잠깐 기도하겠습니다. 그다음에 죽이세요."

마지막이니 그렇게 하라고 암살단이 허락했습니다.

목사님이 조용히 기도합니다. 예수님이 하시던 기도 그대로 했습니다.

"여기 이 사람들은 자기가 무엇을 하고 있는지를 모르고 있습니다. 불쌍히 여기시고 이 죄를 용서해 주시기를 바랍니다."

이렇게 간절히 기도하고 "아멘" 했더니 암살하려던 사람들이 "기도해 줘서 고맙습니다" 하고는 그냥 가더랍니다.

그 목사님이 이런 고백을 했습니다.

"금방 죽는다고 해도 아무 두려움이 없었습니다. 왜냐하면, 부활절 아침이었으니까요. 부활신앙으로 충만해 죽음에 대한 문제가 조금도 마음에 거리끼지 않았습니다."

부활을 믿는 사람의 참행복이 막 타낸 좋은 커피 향처럼 느껴지는 믿음의 고백입니다.

부활하신 예수님은 의심하는 제자 도마에게 믿음 없는 자가 되지 말고 믿는 자가 되라고 말씀하셨습니다.

> 네 손가락을 이리 내밀어 내 손을 보고 네 손을 내밀어 내 옆구리에 넣어 보라 그리하여 믿음 없는 자가 되지 말고 믿는 자가 되라(요 20:27).

스위치를 올려야 전기를 사용할 수 있듯이 부활을 믿어야 예수님이 주시는 생명과 권능이 내게로 옵니다. 부활을 확신하기 바랍니다.

제3장

지극히 작은 자를 사랑하라

[마태복음 25:31-46]

6.25전쟁 직후 나병 환자 수용소에 미국 로터리클럽 회원들이 방문했을 때의 일화를 소개합니다.

거기에서 한 사업가가 서양에서 온 젊은 간호사 선교사 자매가 고름이 흐르는 나병 환자의 상처를 간호하는 뜨거운 인간애의 장면을 포착하였습니다. 그는 그 장면을 카메라에 담고 이렇게 말했습니다.

"이건 백만 불짜리 가치가 있는 사진이다. 그러나 나는 누가 나에게 백만 불을 주어도 이 일을 못할 것이다."

간호사 자매가 이 사업가를 보면서 말했습니다.

"우리도 그 일 못합니다."

사업가가 당황해하며 말했습니다.

"당신들은 그 일을 하고 있잖소?"

그 자매가 답했습니다.

"그리스도의 사랑이 우리를 강권하기 때문입니다."

우리가 받은 사랑, 우리를 강권하는 사랑이 어떤 것인지 생각해 봅니다.

십자가에서 나에게 부어 주신 조건 없는 그 놀라운 사랑!
죄 사함의 은혜를 베풀어 주신 사랑!
나를 의롭다 하시고, 나를 하나님의 자녀 삼아 주시고, 나에게 영생을 허락하시고, 지금 내 인생길을 인도하시는 하나님의 사랑!

이 사랑을 받고 사는 사람은 하나님의 사랑으로 사랑하는 것이 무엇인지를 알고 생활합니다.

> 인자가 자기 영광으로 모든 천사와 함께 올 때에 자기 영광의 보좌에 앉으리니(마 25:31).

이 말씀에서 '인자가 자기 영광으로 모든 천사와 함께 올 때'는 세상 마지막 때입니다. 이때의 심판은 예수님이 하십니다. 그 심판의 기준은 하나님의 사랑을 실천했느냐 안 했느냐가 된다고 예수님이 성경에서 말씀하십니다.
이 말씀보다 앞선 마태복음 24장에서는 마지막 때를 가리켜 사랑이 간절한 세상 종말의 시기라고 말씀하셨습니다.

> 불법이 성하므로 많은 사람의 사랑이 식어지리라(마 24:12).

1. 사랑이 무엇인가요?

가수 박재란은 한 가요에서 "목숨보다 더 귀한 사랑이건만"이라고 노래합니다. 정말 실감이 나는 말입니다. 사랑은 그만큼 각 사람에게 절실한 것입니다.
하나님은 사랑이십니다. 하나님의 형상인 인간도 사랑할 때 가장 사람다워집니다. 사람이 행복한 이유는 사랑하기 때문이고, 사람이 불행한 이유는 반대로 사랑을 외면하기 때문입니다. 아니면 사랑을 해도 이기적이니 불행한 것입니다.

2. 지극히 작은 자를 사랑하지 않는 말세

지극히 작은 자는 누구입니까?
지극히 작은 자란 키가 아주 작은 사람, 몸무게가 아주 적게 나가는 사람이 아닙니다.
물질적으로 나보다 가난한 사람입니다. 돈이 없어서 필요한 것을 이용할 수 없고, 먹을 수 없고, 할 수 없는 사람이 지극히 작은 사람입니다. 병원에 가야 하는데 병원비가 없는 사람입니다. 공부하고 싶은데 학비가 없는 다음 세대의 아이들이 지극히 작은 사람입니다.

또는 건강이 좋지 않은 사람, 무시당하는 사람입니다. 지위와 학력, 경력이 없는 사람입니다. 외모가 남보다 못한 사람입니다. 도움을 받아도 오랜 세월이 지나야만 겨우 갚을 만큼 나와 연령 차이가 많이 나는 사람입니다.

또는 거리상으로 먼 사람이거나 마음으로 먼 사람입니다. 타향살이를 하는 사람입니다. 나와 혈연관계나 친밀한 관계나 이해관계가 없는 사람입니다. 즉, 무엇을 받아도 갚을 게 없는 보잘것없는 사람입니다. 나에게 부담되는 사람이 지극히 작은 자입니다. 말세의 사람들은 이런 사람을 따돌리지만 믿는 자는 사랑하라고 주님이 말씀하십니다.

지극히 작은 자 사랑과 주님 사랑은 하나입니다. 동전의 양면 같고, 손의 등과 바닥 같습니다. 하나님을 사랑한다면, 지극히 작은 자를 사랑하라고 하나님이 말씀하십니다.

마태복음 25장을 보면, 주님이 오른편 양의 자리에 두시는 사랑을 받는 사람들이 황송하고 기뻐서 묻습니다.

> 우리가 어느 때에 주께서 주리신 것을 보고 음식을 대접하였으며 목마르신 것을 보고 마시게 하였나이까 어느 때에 나그네 되신 것을 보고 영접하였으며 헐벗으신 것을 보고 옷 입혔나이까 어느 때에 병드신 것이나 옥에 갇히신 것을 보고 가서 뵈었나이까(마 25:37-39).

그러자 주님이 이렇게 말씀하십니다.

> 내가 진실로 너희에게 이르노니 너희가 여기 내 형제 중에 지극히 작은 자 하나에게 한 것이 곧 내게 한 것이니라(마 25:40).

"지극히 작은 자 하나에게 한 것이 내게 한 것이나 마찬가지다"라는 말씀이 아닙니다. 지극히 작은 자에게 한 것이 곧 주님께 한 것입니다.

반면에 왼편 염소의 자리에 앉은 자들이 억울하다는 듯이 말합니다.

> 우리가 어느 때에 주께서 주리신 것이나 목마르신 것이나 나그네 되신 것이나 헐벗으신 것이나 병드신 것이나 옥에 갇히신 것을 보고 공양하지 아니하더이까(마 25:44).

그들에게 주님이 대답하십니다.

> 내가 진실로 너희에게 이르노니 이 지극히 작은 자 하나에게 하지 아니한 것이 곧 내게 아니한 것이니라(마 25:45).

지극히 작은 자 사랑과 주님 사랑은 하나입니다. 하나님을 사랑한다면, 지극히 작은 자를 사랑하라고 주님이 말씀하십니다.

사람들은 사이가 좋을 때 이렇게 말합니다.

"당신이 나고 내가 당신이니, 내가 당신한테 잘하는 것은 곧 내가 나한테 잘하는 겁니다."

지극히 작은 자를 사랑하는 것은 곧 예수님을 사랑하는 것이고, 예수님을 사랑하는 사람은 곧 지극히 작은 자를 사랑합니다.

3. 지극히 작은 자를 사랑하는 상급, 사랑하지 않는 형벌

우리는 CCTV를 비교적 많이 의식합니다. 그런데 하나님은 CCTV보다 더 정확히 보시고 아시고 기억하십니다. 모든 사람이 양과 염소처럼 구분된다는 말씀은, 하나님께서 각 사람이 사는 것을 보시고 심판하신다는 뜻입니다.

우리가 자유의지로 내 맘대로 한다고 하지만, 그 행동으로 결국 하나님이 주시는 상을 받거나 형벌을 받습니다. 예수님의 은혜로 구원받은 것을 믿고 감사하는 사람은 지극히 작은 자를 사랑합니다.

전 세계에서 가장 큰 상은 노벨상입니다. 지극히 작은 자를 사랑하면 그보다 큰 상을 하나님께서 주십니다. 우선 심판 때 오른편 양의 자리에 앉게 하십니다. 주님은 이 땅에서 작은 자에게 한 사랑을 단 하나도 빠뜨림 없이 다 알아주십니다. 예수님이 "내 아버지께 복 받을 자들이여"라고 불러 주시며 이렇게 말씀해 주십니다.

나아와 창세로부터 너희를 위하여 예비된 나라를 상속받으라(마 25:34).

이 상은 영원한 상입니다.
반면에 지극히 작은 자를 사랑하는 것을 못마땅하게 여기고 외면한 사람들은 예수님이 무섭게 벌하십니다.

마귀와 그 사자들을 위하여 예비된 영원한 불에 들어가라(마 25:41).

오르간 연주회에 관한 일화가 있습니다.
펌프질을 해야 연주가 되는 오르간으로 연주회를 시작하려던 참이었는데, 그 일을 맡은 이가 병이 나서 나오지 못했습니다. 그러자 세계적인 작곡가가 그 펌프질을 하겠다고 나섰습니다. 왜 그런 보잘것없고 천한 일을 하려고 하느냐는 질문을 받은 작곡가가 이렇게 말했다고 합니다.
"음악을 위해서 할 수 있는 일이라면 어떠한 일도 결코 초라하지 않습니다."
성도인 우리도 그래야 합니다. 우리가 예수님을 사랑한다면, 그분께 받는 사랑으로 지극히 작은 자를 사랑하는 일도 값진 일입니다. 주님은 우리가 그분의 은혜에 빚진 마음으로 지극히 작은 자를 사랑하기를 원하십니다.
어느 교회에 취임한 신임 목사님에 관한 이야기도 소개합니다. 취임예배에서 목사님이 아주 멋지고 감동스러운 설교를 했습니다. 교인들이 생각했습니다.
'우리가 정말 목사님을 잘 모셔 왔구나!'

그런데 목사님이 두 번째 주일 설교도 취임예배 설교와 똑같은 내용으로 했습니다. 몇몇 교인은 고개를 갸우뚱했습니다. 그래도 '두 번은 겹칠 수 있지. 취임한 지 얼마 안 되어서 너무 정신이 없으면 착각할 수도 있지'라고 생각했습니다.

그러나 세 번째 주일예배 때도 목사님은 첫 번째, 두 번째 주일에 한 설교를 똑같이 했습니다. 교인들이 다 같이 '우리가 잘못 모셔 와도 단단히 잘못 모셔 왔다'라고 생각했습니다.

한 교인이 목사님에게 물었습니다.

"목사님, 목사님은 언제 새로운 설교를 시작하시겠습니까?"

목사님이 대답했습니다.

"당신이 이 말씀을 생활로 적용할 때 저는 새로운 설교를 시작할 것입니다."

설교는 실천하라고 주시는 하나님의 말씀입니다. 사랑이 점점 식어 가는 현실을 사는 우리가 실천할 말씀 가운데 하나는 지극히 작은 자를 사랑하는 것입니다.

예수님은 말씀하셨습니다.

> 누구든지 나를 따라오려거든 자기를 부인하고 자기 십자가를 지고 나를 따를 것이니라(마 16:24).

십자가는 무시무시한 사형틀입니다. 예수님이 십자가를 지시고 못 박히신 은혜로 구원받은 사람은 십자가를 지는 신앙생활을 해야 합니다. 십자가는 오락 기구나 액세서리처럼 만만한 것이 아닙니다.

편의와 이익과 안락함과 즐거움 위주로 사는 우리에게, 십자가를 지고 따라오라고 주님은 요구하십니다. 예수님 안에서 구원받은 성도라면 남녀노소 누구든지 반드시 져야 하는 십자가 중의 십자가가 지극히 작은 자를 사랑하는 것입니다.

제4장
다하는 사랑을 하라

[신명기 6:4-5; 마태복음 22:34-40]

신앙생활은 하나님, 이웃, 자신을 사랑하는 생활입니다.

> 이스라엘아 들으라 우리 하나님 여호와는 오직 유일한 여호와이시니 너는 마음을 다하고 뜻을 다하고 힘을 다하여 네 하나님 여호와를 사랑하라(신 6:4-5).

예수님도 이와 동일한 말씀을 하셨습니다.

> 네 마음을 다하고 목숨을 다하고 뜻을 다하여 주 너의 하나님을 사랑하라 (마 22:37).

1. 무엇으로 하나님을 사랑하라고 하셨나요?

첫째, 마음으로 하나님을 사랑하라고 하셨습니다.
신명기 말씀과 예수님 말씀은 다 마음으로 하나님을 사랑하라고 하십니다. 마음이란 사람이 사물에 대해서 어떤 감정이나 의지, 생각을 느끼거나 일으키는 태도를 말합니다. 하나님을 마음으로 사랑하는 것은 사람의 감정, 의지, 생각이 하나님을 사랑하는 것입니다.
둘째, 뜻으로 하나님을 사랑하라고 하셨습니다.
뜻으로 하나님을 사랑하라는 명령도 신명기 말씀과 예수님 말씀에 함께 있습니다. 뜻으로 하나님을 사랑하는 것은, 하나님께서 원하시는 것이 이루어지기를 바라는 것입니다.

셋째, 힘으로 하나님을 사랑하라고 하셨습니다.

힘은 어떤 일을 해낼 수 있는 능력을 말합니다. 그 힘은 체력, 재력, 지력, 경험과 경력, 자격증 등입니다. 각 사람이 가진 그 힘으로 하나님을 사랑하라고 하십니다.

넷째, 목숨으로 하나님을 사랑하라고 하셨습니다.

신명기 말씀에는 없지만 예수님이 하신 말씀입니다. '목숨'이란 말은 사람이 죽는 순간 목에서 숨이 끊어지는 것을 표현한 말로 여겨집니다. 그러니까 목숨으로 하나님을 사랑하는 것은 사람이 숨이 붙어 있는 시간은 한정되어 있음을 생각하는 긴장감과 겸손으로 하나님을 섬기는 것입니다.

하나님께서는 성경을 통하여 마음, 뜻, 힘, 목숨을 다하여 하나님을 사랑하라고 하셨습니다. 그것이 신앙생활입니다.

2. 다하는 사랑으로 하나님을 사랑하라고 하십니다

마음, 뜻, 힘, 목숨으로 하나님을 웬만큼 사랑하는 것이 아니라 마음을 다하고 뜻을 다하고 힘을 다하고 목숨을 다해서 하나님을 사랑하여 섬기라고 하십니다. '다해서 하나님을 사랑하는 것'은 마음, 뜻, 힘, 목숨을 남김없이 쏟아부어서 전폭적으로 하나님을 사랑하는 것입니다. 그렇게 하되 억지로 하지 않고 자원해서 기쁨으로 하는 것입니다. 변치 않고 식지 않는 한결같은 마음과 뜻으로 힘과 목숨을 다해 하나님을 사랑하는 것입니다.

3. 왜 다하는 사랑으로 하나님을 사랑하라고 하셨나요?

첫째, 하나님께서 우리에게 다 주셨기 때문입니다.

제가 목회해 온 교회에서는 봉헌할 때 이 찬송을 부릅니다.

> 모든 것이 주께로부터 왔으니 이 예물을 주께 드리나이다.
> -〈모든 것이 주께로부터〉, 찬송 634장

이 가사처럼 우리는 모든 것이 하나님께서 주신 것임을 당연히 믿고 예물을 드립니다.

다윗 왕은 그의 왕위 40년 끝자락에 아들 솔로몬에게 성전 건축을 당부하고 고백합니다.

> 나와 내 백성이 무엇이기에 이처럼 즐거운 마음으로 드릴 힘이 있었 나이까 모든 것이 주께로 말미암았사오니 우리가 주의 손에서 받은 것으로 주께 드렸을 뿐이니이다(대상 29:14).

그는 자신의 것이 다 하나님께서 은혜로 주셔서 있는 것임을 믿고 살고 드린 사람입니다.

하나님께서 우주 만물 중 사람만 손수 하나님의 형상으로 만드시고, 그 모든 것을 누리며 다스리게 해 주셨습니다. 하나님을 배반해서 멸망한 인간을 예수님을 화목제물로 삼으시어 구원해 주셨습니다. 또 우리 인생에 필요한 것을 다 주셨습니다. 그러므로 우리도 다하는 사랑으로 하나님을 사랑하여 섬기라고 하십니다. 다 주셨으니까 다하는 사랑으로 섬겨야 합니다.

둘째, 다하여 하나님을 사랑하지 않으면 큰 시험에 빠지기 때문입니다.

다하는 사랑으로 하나님을 섬기지 않으면 그 다하지 않는 만큼이 틈새가 되어 마귀 사탄과 불신앙과 고통과 온갖 세속적인 것과 불행이 그 틈으로 들어옵니다. 그러면 은혜에 감사하는 마음으로 하나님을 사랑했을 때에는 없던 것들이 생겨납니다.

- 전에 없었던 마음이 생깁니다. 불평하고 원망하는 마음이 막 나옵니다.
- 전에 들리지 않던 것들이 들립니다. 비판하는 말, 부정적인 말이 들립니다.

- 전에 없던 느낌이 생깁니다. 못마땅합니다. 못 미더워집니다. 싫어집니다.
- 없던 일이 생깁니다. 아프고, 잠 못 자고, 다투고, 남을 잘 오해하고, 의심하고, 미워하고, 화를 내고, 원망합니다. 비판합니다. 이중적이 됩니다.

이 모두는 다하는 사랑으로 하나님을 사랑하여 섬겨야 피할 수 있습니다.

셋째, 다하는 사랑으로 하나님을 사랑하면 진정 은혜와 진리가 충만한 복된 신앙인이 되기 때문입니다.

진정한 사랑을 하는 사람은 남녀 간의 사랑, 부모 자녀 간의 사랑, 형제자매 간의 사랑, 친척이나 친구 간의 사랑, 이웃 사랑 등에 다 쏟아 주는 사랑을 합니다. 그렇게 해야 행복합니다. 다하는 사랑을 하면 행복하고 만족하고 힘이 나고 사는 맛이 납니다.

하나님을 마음, 뜻, 힘, 목숨을 다하여서 사랑하는 신앙생활을 하면 초막이나 궁궐이나 그 어디나 하늘나라가 되는 행복을 맛보게 됩니다.

나의 마음, 뜻, 힘, 목숨을 다해서 하나님을 사랑하면 영적으로 홀가분해지고 어떤 것에도 얽매이지 않습니다. 자유해집니다. 평강과 평화가 옵니다. 기쁨과 행복을 늘 누립니다. 힘과 능력이 솟아납니다.

그런 사람은 하나님과 동행합니다. 가정, 교회, 일터가 하나님 나라가 됩니다. 사람들이 그를 보면 감동이 되기 때문에 전도가 됩니다. 그런 사람은 예배 때마다 하나님을 체험합니다. 기도하면 하나님의 음성이 들리고 하나님의 손길을 체험할 수도 있습니다. 그 사람 때문에 하나님께서 영광을 받으십니다.

다하는 사랑으로 하나님을 사랑하면 교회에 은혜가 넘쳐 나고 부흥하고 성장합니다. 성도 스스로 '아, 이 맛으로 주님을 섬기는 거구나' 하게 됩니다. 사람들이 그를 통해서 하나님의 은혜를 느끼므로 그를 가까이합니다.

이런 것들이 다하는 사랑으로 하나님을 사랑하는 자에게 주시는 은혜와 복입니다. 다하는 사랑으로 하나님을 사랑하지 않으면 안 되는 이유이기도 합니다.

사랑과 관련된 일화를 소개합니다.

6.25전쟁 때 한 엄마가 돌보아 주는 이 없이 아기를 다리 아래에서 낳았다고 합니다. 그날은 눈이 내리던 추운 날이었습니다. 엄마는 자기 옷을 벗어서 아기를 감싸 주고 그만 세상을 떠났습니다.

마침 그곳 근처에서 차가 고장 나서 서 있던 미군 병사가 아기 울음소리를 듣고서 하나님의 사랑으로 아기를 구해 주고 죽은 엄마도 땅에 묻어 무덤을 만들어 주었습니다. 그는 아기를 미국으로 데려가서 길러 주었고 교육도 잘 시켜 주었습니다. 그리고 아기가 청년이 되었을 때 엄마 이야기를 해 주었습니다.

청년은 어느 겨울날 한국에 와서 자기 옷을 벗어서 엄마 무덤을 덮어 주고 통곡하며 이렇게 다짐했다고 합니다.

"엄마, 핏덩이 아기인 저를 살리려고 엄마가 돌아가셨군요. 그 사랑은 마치 하나님 사랑 같아요. 나도 그 사랑으로 하나님을 섬기고, 불쌍한 이웃을 사랑할 겁니다. 엄마, 사랑해요. 엄마의 사랑으로 살아갈 거예요."

그는 다짐했던 그대로, 다하는 사랑으로 하나님을 사랑하고 이웃을 사랑했습니다. 언제 어디서든지 다 주신 하나님을, 그리고 이웃을, 다하는 사랑으로 사랑하며 섬겼습니다.

제5장

은혜받을 만한 때

[고린도후서 6:1-2]

1. 보라!

사람은 신체의 눈과 마음의 눈을 가지고 있습니다.
마음의 눈은 생각의 눈 또는 관심의 눈입니다. 마음의 눈은 신체의 눈이 보지 못하는 지금 여기에 없는 사람과 일을, 세상 모든 곳을, 과거와 미래를, 천국과 지옥을 봅니다.

보라 지금은 은혜받을 만한 때요 보라 지금은 구원의 날이로다(고후 6:2).

"보라"는 우리 마음의 눈, 즉 생각과 관심의 눈에게 하시는 말씀입니다.

지금 가진 그 마음 말고 하나님 믿는 자의 마음을 가지라!
지금 하는 그 생각 말고 하나님 믿는 자의 생각을 하라!
지금 가진 그 관심 말고 하나님 믿는 자의 관심을 가지라!

이런 말씀입니다.
아프리카에는 새를 잡아먹는 뱀이 있다고 합니다. 새가 나무에 앉았다가 자기 쪽으로 기어오르는 이 뱀의 눈을 보면, 순간 얼어서 날개가 있는데도 날아가지 못하고 벌벌 떨고 있다가 먹힌다고 합니다. 새가 뱀의 눈을 보듯이 우리의 마음이 비신앙적이고 세상적인 것을 바라보면 우리 믿음이 그만 얼어 버립니다.

하나님께서는 인간적으로 혹하는 것을 바라보지 말고 은혜가 되는 것을 보라 하십니다.

당신은 무엇을 하려고 마음먹었고, 어디에 관심을 가지고 있습니까?

하나님의 백성답게, 자녀다운 생각과 마음과 관심을 가지라고 하나님께서 말씀하십니다.

2. 지금은

시간을 가리키는 말에는 과거와 현재와 미래가 있습니다. 그중에서 사람이 실제로 살 수 있는 시간, 쓸 수 있는 시간은 현재, 지금이라는 시간뿐입니다. 과거는 지난 시간의 기억일 뿐이고, 미래는 다가올 시간에 대한 기대일 뿐입니다. 그러므로 우리는 단 한 번의 기회로 다가오고 사라지는 현재, 지금이라는 시간을 잘 활용해야 합니다.

지금이라는 시간 속에서 하나님의 사람답게 선택하고 살아가는 사람이 되라고 하나님은 말씀하십니다.

하나님께서 예비하신 것을 넘치게 받길 바랍니다.

3. 은혜받을 만한 때

'은혜'는 선물을 주고받으며 기뻐하는 데서 나온 말입니다. 선물은 대가 없이 그냥 주고받는 것이어서 기쁩니다. 대가 없는 선물을 받으면 마냥 좋고 기쁘고 행복합니다.

성경의 은혜는 하나님께서 인간에게 주시는 것입니다. "은혜받을 만한 때"(고후 6:2)에서 말하는 은혜는 하나님의 은혜입니다. 하나님께서는 모든 믿는 자에게 은혜를 주십니다.

하나님은 하나님의 모임에 모이는 이에게 은혜를 주십니다. 미스바에 모이니 원수 나라를 멸하여 주셨습니다(삼상 7:3-14). 마가 다락

방에 모이니 성령 충만하게 해 주셨습니다(행 2:1-4).
  예배 시간마다 모이면 은혜를 주십니다. 우리가 믿음으로 모이면 하나님께서는 그 무엇과도 바꾸지 못할 은혜를 주십니다.

4. 구원의 날이로다!

  은혜 중의 은혜는 예수님을 믿으면 주시는 구원입니다. 구원의 은혜란 구체적으로 무엇인가요?

  첫째, 죄에서 해방되는 은혜입니다.
  죄의 벌과 심판, 죄책감, 죄의 종노릇 하는 데서 벗어나게 해 주시는 은혜입니다.
  둘째, 천국 은혜입니다.
  천국 가는 자격을 주시고 천국에서 영원히 살게 하시며 천국의 모든 것을 누리게 해 주시는 은혜입니다.
  셋째, 신분 세탁입니다.
  우리는 죄인입니다. 그런 우리를 하나님의 자녀, 백성, 천국 시민, 성도, 하나님의 종이 되게 해 주셨습니다. 세탁한 옷을 입으면 상쾌합니다. 우리 신분을 세탁해 주신 은혜 덕분에 너무나도 행복합니다.
  넷째, 임마누엘 인생입니다.
  주님은 세상 끝날까지 함께해 주신다고 약속하셨습니다. 함께하시어 믿는 우리를 보호하고 인도하시고 형통, 승리, 성령을 주십니다.

5. 은혜받은 사람들

  한 교회학교 교사가 어린이들에게 하나님의 은혜는 가장 귀한 것을 사랑으로 거저 주시는 것임을 깨우쳐 주려 했습니다. 그렇지만 생각처럼 잘 전해지지 않아 안타까웠습니다. 그러다가 교사 자신이 가진 아주 예쁘고 값비싼 시계를 그냥 주면 좋겠다고 생각했습니다. 하지만, 어린이들은 '설마 진짜로 주시는 건 아니겠지' 하면서 아무도 받지 않았습니다. 그때 한 아이가 "감사합니다" 하고 받더니 그 시계를 주머니에 넣었습니다. 선생님이 기뻐하며 아이들에게 하나님의 은혜를 깨우쳐 주었습니다.

"하나님의 은혜는 이처럼 가장 귀중한 것도 그냥 주시는 거야. 이 친구가 선생님이 주는 걸 받았을 때 선생님이 기쁜 것처럼, 하나님은 그분이 주신 것을 우리가 받을 때 기뻐하신단다."

저는 어린 시절에 부흥회에서 당시 부흥사라는 칭호로 불릴 만큼 뜨겁게 부흥회를 인도하시던 강달희 목사님의 말씀을 들었습니다. 그때 어른들이 은혜받은 모습을 보고 좋아서 집에 와서 흉내를 내기 시작했습니다. 찬송하고 기도하는 것이 정말로 좋았습니다. 어린 제가 은혜를 받은 것입니다. 그 일이 나중에 신학을 하려고 기쁘게 결심하는 계기가 되었으니 그 또한 은혜입니다.

어느 청년도 하나님을 전혀 모르다가 어느 날 우연히 교회의 부흥회에 참석했다고 합니다. 그런데 그날부터 청년에게 언제 어디서든지 예수님이 보였습니다. 아무리 생각하지 않으려고 해도 예수님이 보였습니다. 청년이 '나에게 예수님 믿으라고 보내시는 신호인가 보다' 하고 교회에 나가려고 하니까 가족이 극구 반대했습니다. 그래도 청년이 결단하고 교회에 나가기 시작했더니 결국에 가족의 반대가 사라졌고 모두 전도 되었다고 합니다. 은혜입니다.

오래전에 어느 집사님이 심한 피부병으로 남편에게 괴롭힘을 당하다가 집에서 쫓겨나다시피 나왔다고 합니다. 그녀는 이리저리 거닐다가, 어느 교회 부흥회에 참석했습니다. 말씀에 큰 은혜를 받고 슬픈 마음을 하나님께 다 쏟아 놓으며 기도했습니다. 그러자 온몸이 불덩어리같이 뜨거워지더니 하나님께서 피부병을 고쳐 주시는 은혜를 받았습니다. 나중에는 남편도 잘못을 깨닫고 아내를 찾아와서 부부가 함께 그 가정을 보배로운 천국 가정으로 만들어 갔다고 합니다.

이런 예화를 통하여 하나님의 은혜를 생각해 봅니다.

제3부
믿음

그에게 이르시되 일어나 가라
네 믿음이 너를 구원하였느니라 하시더라(눅 17:19).

●

어떤 것을 보려면 먼저 믿어야 한다.
- 랄프 허드슨

●

●

하나님을 믿으면
다른 모든 신뢰 관계에 생기가 돕니다.

제1장
복된 셀 모임 습관

[히브리서 10:25]

흔히 인간을 사회적 동물이라고 합니다. 인간은 모임의 동물이라는 말입니다. 모임 없이는 살 수 없는 인간입니다. 그래서 사람은 평생 모임을 만들고 속하고 바꾸고 보듬고 살아갑니다. '어떤 모임을 선택하느냐' 하는 문제가 매우 중요합니다.

1. 타락한 인간성

사람은 타락하면서 이기적이고 자기중심적이며 교만한 존재가 되었습니다. 사람의 그 타락성은 수많은 사람이 모여 있을 때 더욱 나타납니다.
관계에서 드러나는 타락한 성향에는 무엇이 있을까요?

첫째, 익명성입니다.
숨으려고 하고 이름과 얼굴 등을 드러내는 것을 싫어합니다.
둘째, 무책임성입니다.
작은 것도 책임지는 것을 노골적으로 싫어하고 회피합니다.
셋째, 무관계성입니다.
가족과 친한 사람 말고는 관계를 맺기 꺼립니다. 성도는 주님이 하셨듯 많은 사람과 관계를 맺고 나눠야 합니다.

넷째, 무관심성입니다.

타인 혹은 공동체, 그리고 그와 관련된 일에 대해서 관심 갖기를 싫어합니다. 심지어 왜 관심을 가져야 하느냐고 따지기도 합니다.

다섯째, 무포용성입니다.

다른 사람을 포근하고 너그럽게 포용하려고 하지 않습니다.

여섯째, 비인간성입니다.

실제적인 거래나 이익만 따지고, 이해와 협력은 하지 않습니다. 이렇게 되면 그 공동체가 진정한 성장과 발전을 이룰 수 없고, 그러는 개인도 바람직하지 않고 행복하지 않은 사람이 되어 갑니다.

사람이 수많은 사람, 즉 집단 속에 있으면 이렇게 되기가 너무나도 쉽습니다. 교회에는 비교적 많은 사람이 모여 드리는 예배가 있고 몇몇 사람이 모이는 소그룹, 구역, 순, 다락방, 셀 등이 있습니다. 사람이 적게 모이는 소모임을 갖는 이유는, 사람이 많이 모이는 모임에 참여하는 데만 그치면 성도로서의 우리 모습이 익명성, 무책임성, 무관계성, 무관심성, 무포용성, 비인간성만 나타나기 쉽기 때문입니다.

2. 사람과 모임

> 죄인들이 의인들의 모임에 들지 못하리로다(시 1:5).

구약성경을 통해서 사람을 보면 하나님을 가까이하는 의인이 있고, 하나님을 멀리하는 악인이 있습니다. 그 차이는 모임에서 나타납니다. 하나님의 은혜와 진리를 믿고 살아가는 자들의 모임이 있지만 그런 것을 싫어하는 악인들은 감히 그 모임에 들어올 엄두조차, 즉 생각조차 하지 못하는 것을 시편을 쓴 기자 같은 이들은 알았습니다. 악인은 자신이 자기 마음대로 의인의 모임에 가지 않는 것으로 여기지만 사실은 안 가는 게 아니라 못 가는 것입니다.

교회 다니는 것은 아무나 할 수 있는 것이 아닙니다. 하나님께서 주시는 은혜가 있어야 합니다. 예수님을 믿으면 그 사람은 영생하는 하나님 백성과 자녀로 구원을 받고, 그와 더불어 그의 모임이 구원을 받습니다.

예수님을 진정 믿는 사람은 교회의 가족이 됩니다. 그리고 교회 안의 작은 교회인 구역, 목장, 교회학교, 셀 등에 속합니다. 예수 그리스도를 믿고 구원받은 성도들이 있는 모임은 구원받은 모임입니다. 믿는 사람들의 모임 속에 있는 것은 구원받은 증거입니다.

3. 모임을 잘하는 습관

> 모이기를 폐하는 어떤 사람들의 습관과 같이 하지 말고 오직 권하여 그날이 가까움을 볼수록 더욱 그리하자(히 10:25).

로마 시대에 예수 믿는 사람은 무시무시한 박해를 받았습니다. 많은 성도가 예배와 모임에 가면서 죽을 각오를 했습니다. 그렇지만 죽는 것, 감옥에 가는 것, 채찍질 등이 무서워서 못 가는 이들과 안 가는 이들도 생겼습니다. 그렇게 한 번, 두 번 모임에 빠지다 보니 나중에는 모임에 안 가는 것이 더 습관처럼 되었습니다. 신자가 예배 모임, 기도 모임, 친교 모임 등을 빠지면, 처음엔 이상하고 불안하지만 나중엔 습관이 되어 아무렇지도 않게 됩니다.

그런 성도들의 상황에 주신 말씀이 위의 히브리서 말씀입니다. 이 말씀대로 우리가 어떤 박해나 유혹이 있더라도 잘 모이는 습관으로 신앙생활할 수 있기를 바랍니다.

습관은 제2의 천성입니다. 습관과 모임은 불가분의 관계입니다. 우리가 어떤 모임에 자꾸 가면, 결국에는 그 모임의 사람이 됩니다. 술을 마실 줄 모르는 사람이 자꾸 술을 마시는 모임에 가면 결국 알코올 의존자가 됩니다. 믿음이 없는 사람이 계속해서 교회에 나오고 셀 모임에 모이면 그는 결국 좋은 신앙인이 됩니다.

성도는 모임에 안 모이는 것이 습관이 되게 만드는 것들을 믿음으로 이기고, 열심히 모이는 것이 습관이 돼야 합니다. 그렇게 하는 자가 성도이고, 그렇게 하면 승리합니다.
셀 모임을 어떻게 하면 습관이 될 수 있을까요?

첫째, 열심히 모여야 합니다.
사람은 가치를 부여하는 만큼 행동도 합니다. 셀 모임에 큰 가치를 부여하면, 셀 모임에 시간과 노력 등을 기꺼이 쏟아붓기 마련입니다.

둘째, 셀 모임을 모일 수 없게 만드는 것들을 처분해야 합니다.
그게 사람이든, 고정관념이든, 생각이든, 습관이든, 모임이든, 스마트폰이든 버려야 합니다.

셋째, 셀 모임을 지펴야 합니다.
장작개비를 하나씩 넣어서 모닥불을 살리듯이 해야 합니다. 셀 모임을 살리기 위해서는 모일 때마다 특히 '서로' 잘해야 합니다. 많은 사람이 모인 데서는 '서로' 잘하기 어렵고, 혼자여도 '서로' 잘할 수 없습니다. 셀 모임을 반드시 해야 하는 이유는 '서로' 잘할 수 있기 때문입니다.

> 서로 친절하게 하며 불쌍히 여기며 서로 용서하기를 하나님이 그리스도 안에서 너희를 용서하심과 같이 하라(엡 4:32).

한 사람이 아무리 상대방에게 잘한다고 해도 상대방이 친절히 대하지 않는다면 불행합니다. 진정한 행복은 서로에게 잘해 줄 때 생깁니다. 셀이나 구역 같은 소그룹 모임이 없으면 '서로'가 없는 신앙생활을 하게 됩니다.
우리는 서로 무엇을 잘해야 할까요?

첫째, 서로 관심을 잘 가져야 합니다.
하나님은 사랑이시고, 우리는 그 사랑 안에 삽니다. 사랑은 관심입니다. 항상 주님의 사랑으로 서로 관심을 가져야 합니다.

둘째, **서로 위로를 잘해야 합니다.**
어려운 현실을 사는 우리는 너나없이 힘들고 괴로운 때가 적지 않습니다. 그러므로 서로 위로하는 것이 필요합니다.
셋째, **서로 협력을 잘해야 합니다.**
협력을 하면 일이 쉬워지고 어려운 일도 할 수가 있습니다. 교회에서, 특히 셀 모임에서 마치 우리 몸의 지체가 유기적으로 협력하는 것처럼 협력할 때 서로 행복해질 수 있습니다.
넷째, **서로 존중을 잘해야 합니다.**
우리는 존중받기를 원하는 만큼 존중해야 합니다.
다섯째, **서로 이해와 용서와 용납을 잘해 주어야 합니다.**
주님의 마음과 사랑으로 해야 합니다.
여섯째, **서로 기도해 주기를 잘해야 합니다.**
기도는 이 모든 것을 잘할 수 있게 하는 능력인 주님의 은혜를 받게 해 주는 것입니다.

하나님은 하나님께 영광을 올려 드리는 셀 모임을 원하십니다. 사람에게는 세상의 무엇으로도 채울 수 없는 영적 바람이 있는데, 셀 모임은 그것을 채워 줍니다.

4. 셀 모임의 복

보라 형제가 연합하여 동거함이 어찌 그리 선하고 아름다운고 머리에 있는 보배로운 기름이 수염 곧 아론의 수염에 흘러서 그의 옷깃까지 내림 같고 헐몬의 이슬이 시온의 산들에 내림 같도다 거기서 여호와께서 복을 명령하셨나니 곧 영생이로다(시 133:1-3).

'형제가 연합하여 동거함'은 하나님 안에서 진정한 만남, 대화, 교제, 협력, 일치, 존중이 있는 모임을 일컫는 말씀입니다. 하나님에 대한 믿음과 하나님의 사랑으로 모이는 모임은 "어찌 그리!"라고 감탄할 만큼 감동을 주고, 선하고, 아름답고, 보배롭고, 향기롭고, 이

슬처럼 영롱하며, 영생의 복이 있는 모임입니다.

여의도순복음교회는 많은 사람이 드리는 예배와 소수의 인원이 드리는 구역예배가 조화를 이루는 교회입니다. 이 교회의 담임목회자였던 조용기 목사님은 1964년에 과로로 쓰러지셨을 때 이렇게 결단하셨다고 합니다.

'성도를 개별적으로 만나서 상담하고 가르치고 친교를 나누고 기도해 주는 일은 평신도 지도자인 구역장(셀 리더)에게 맡기고 대예배 설교 등은 담임목사가 하는 식으로 분담 위임을 해야겠다.'

그 결단을 실천한 결과로 여의도순복음교회는 성도 수와 구역 모임이 폭발적으로 늘어나 세계 최대의 교회가 되었습니다. 그 교회의 구역장들은 목회자처럼 구역 성도들을 돌보고, 성도들은 구역예배에 빠지지 않으려고 항상 힘쓰는 일을 1960년대부터 지금까지 해오고 있습니다. 교회의 부흥은 성도의 복입니다.

제2장

빛과 소금이 되라

[마태복음 5:13-16]

 이 장에서 전하고자 하는 말씀은, 교회와 성도가 이 세상에 존재하는 이유와 어떻게 하면 행복할 수 있는지를 깨우치는 내용입니다.

 너희는 세상의 소금이니 … 너희는 세상의 빛이라 (마 5:13-14).

 이 말씀을 크게 네 부분으로 나누어 살펴보고자 합니다.

1. 너희

 예수님이 "너희는 세상의 빛과 소금이다"라고 하신 말씀에서 '너희'는 예수님을 믿는 우리, 교회에 다니는 우리, 하나님의 사랑을 받고 영생과 천국을 얻은 우리, 하나님의 자녀인 우리, 하나님의 백성인 우리, 하나님의 일꾼인 우리, 그래서 행복한 우리입니다.
 '너희'는 하나님의 입장에서 참 귀하고 기대하시는 바가 큰 사람들인 우리를 가리킵니다.

2. 세상

 예수님은 홍수 심판을 받은 노아 시대를 가리켜 이렇게 말씀하셨습니다.

> 노아의 때에 된 것과 같이 인자의 때에도 그러하리라 노아가 방주에 들어가던 날까지 사람들이 먹고 마시고 장가들고 시집가더니 홍수가 나서 그들을 다 멸망시켰으며(눅 17:26-27).

노아 시대 사람들을 창세기 5장을 통해서 보면, 그들은 거의 7백 세나 8백 세를 살았고 므두셀라는 1천 세 가까이 살았습니다.

그런데 창세기 6장을 보면 그들의 시대는 한마디로 '총체적인 타락'의 시대였습니다. 노아와 그의 가족 말고는 다 죄악을 저질렀습니다. 그때는 하나님을 무시하는 것이 만연한 시대였습니다. 그런데도 하나님을 믿자고 전도하는 사람이 없었고, 노아 혼자만 고독한 애를 쓰는 시대였습니다. 경건한 핏줄이라 할 셋의 자녀들까지도 육체적인 쾌락만을 위한 이성 교제를 했습니다. 하나님의 뜻에 초점을 맞춘 인격과 이성 교제와 결혼에 대해서 가르치는 부모가 거의 없었습니다. 정말 썩고 캄캄한 시대였습니다.

그 사회는 정말 소금처럼 맛을 내고 촛불처럼 빛을 비추는 사람이 기다려지는 시대, 나서야 할 시대요 사회였다고 예수님이 말씀하셨습니다.

3. 빛과 소금

세상 사람들에게 지금 당장, 아주 절실하게, 근본적으로 필요한 것이 무엇일까요?

큰돈, 좋은 학교 합격, 세도 부리는 지위, 쾌락, 여행, 무병장수, 좋은 아파트와 자가용, 넓고 비싼 부동산일까요?

아닙니다. 그런 것들이 이 세상을 사는 데 어느 정도 필요한 것은 맞습니다. 그렇지만 생각하면 할수록, 사람들에게 정말로 시급하고 중대한 것은 예수님 믿고 구원받는 것입니다. 사람들이 그렇게 구원받을 수 있도록, 먼저 믿은 우리가 할 일은 빛과 소금이 되어 주는 것입니다. 빛과 소금이 되어야 한다는 말씀은 우리가 이웃을 사랑하고 전도할 때 실천해야 하는 중요한 요소를 담고 있습니다.

그 요소가 무엇일까요?

첫째, 다양성과 적합성입니다.
예수님은 빛만 되라, 소금만 되라고 하지 않으셨습니다. 빛이 되고 소금도 되라고 하셨습니다. 우리가 하나님의 사랑을 전하고 복음을 전하는 방법과 길이 다양해야 함을 말씀하신 것입니다.

실제로 성경과 기독교 2천 년 역사를 보면 하나님의 사랑을 전하고 전도하는 방법이 아주 다양했습니다. 그리스도인들은 성경을 번역해서 세상에 나누어 주었습니다. 신앙서적도 만들어서 나누어 주었습니다. 오늘날의「국민일보」나 제가 지역사회를 위해 발행해 온「부안행복징검다리」처럼, 사람들이 필요로 하는 지식과 정보는 물론 하나님의 사랑과 복음을 함께 담은 책자를 나누었습니다.

그리고 학교와 병원을 세웠습니다. 좋은 농사법과 기술을 사람들에게 가르쳐 주었습니다. 고아, 과부, 노인, 장애인을 돌보았습니다. 요즘에는 교회의 주차장, 도서관, 어린이 놀이터 등을 이웃과 함께 사용합니다. 하나님의 사랑을 전달하고 전도하는 데에는 길과 방법이 다양해야 합니다.

우리나라에 온 초기 선교사들이 그렇게 했습니다. 그 당시 우리나라 사람들에게 필요한 것에 집중했습니다. 그때만 해도 우리나라에는 치료제와 의료 시설과 장비가 부족해서 치료받지 못하고 가련하게 죽어 가는 사람이 즐비했습니다. 그래서 선교사들이 곳곳에 병원을 세우고 병자를 치료해 주었습니다. 예를 들면, 전주 예수병원이 그렇게 세워진 병원입니다.

또한, 교육이 절실했기에 유치원, 초중고 학교, 대학교를 세웠습니다. 이렇게 기독교 단체에서 운영하는 학교를 미션스쿨이라고 합니다. 제가 사는 전북의 미션스쿨은 기전여자고등학교, 전주신흥고등학교, 전주영생고등학교, 군산영명학교, 멜볼딘여학교 등입니다.

둘째, 희생성입니다.
'손 안 대고 코 풀려는 사람'은 극히 이기적인 사람을 지칭하는 말입니다. 거룩하고 소중한 일은 희생으로 이루어집니다. 초가 자기 몸을 녹여 태워서 어둠을 밝히듯이 희생해야 사랑과 진리의 빛이 납니다. 소금이 자기를 녹여서 맛을 내듯이 자기를 희생하는 사람이 있어야 합니다. '손 안 대고 코 풀려는 사람'만 있는 가정, 학교, 군대, 회사, 지역사회, 국가, 교회는 불행하고 거룩한 일은 못합니다. 하나님의 사랑으로 섬기고 전도하려면 우리가 희생해야 합니다.

셋째, 지속성 혹은 항상성입니다.

아무리 좋은 것을 희생한다고 해도 일시적이면 그 효과와 가치는 극히 미미합니다. 우리 몸의 심장은 하루 십만 회를 뜁니다. 건강한 심장은 변함없이 일정하고 고르게 뜁니다. 그렇게 꾸준해야 합니다. 우리의 하나님 사랑과 복음 전도도 그렇게 해야 합니다. 예수님이 빛과 소금이 되라고 하신 것은 그렇게 늘 항상 변함없이 해야 한다고 말씀하신 것입니다.

넷째, 단합과 일치성입니다.

성경에는 하나님의 사랑과 뜻을 이루는 교회가 되려면 사람의 몸처럼 하나가 되라고 기록되어 있습니다. 하나 됨은 순수함입니다. 타는 초에 물을 부으면 꺼집니다. 소금에 쓰레기를 섞으면 먹을 수 없습니다. 교회와 성도는 사랑 전달과 복음 전도에 하나 되어야 합니다. 적극 동참하고 협력해야 합니다. "뭉치면 살고, 흩어지면 망한다"라는 말이 있습니다. 특히 사랑과 전도는 하나 되어 해야 합니다.

4. 되라!

"되라!"

이 말씀은 실행하라, 실천하라, 생활화하라, 그런 인생이 되라는 뜻입니다. 교회다운 교회, 성도다운 성도는 소금처럼 사랑의 맛을 내고 촛불처럼 전도의 빛을 밝히라고 하나님께서 말씀하십니다.

분명히 깨닫고 해야 할 게 있습니다. 우리 스스로는 소금의 맛을, 촛불처럼 빛을 낼 수 없습니다. 하나님께서 함께하시고 도와주셔야 할 수 있습니다. 기도해야 합니다.

예수님은 불의한 재판관으로부터 악한 재판을 받은 여자의 이야기를 하셨습니다. 그녀는 끝없이 그의 집 문을 두드리며 "이 원한을 풀어 주세요!"라고 호소해서 결국 원하는 조치를 받게 됩니다. 그

여자가 한 것처럼 기도하라고 예수님은 말씀하셨습니다. 그러면 하나님께서 도와주신다고 하셨습니다.

그리고 인자이신 예수님이 다시 오실 때는 기도하지 않는 말세인데 그럴수록 더 기도하라고 하셨습니다.

> 하물며 하나님께서 그 밤낮 부르짖는 택하신 자들의 원한을 풀어 주지 아니하시겠느냐 그들에게 오래 참으시겠느냐 내가 너희에게 이르노니 속히 그 원한을 풀어 주시리라 그러나 인자가 올 때에 세상에서 믿음을 보겠느냐(눅 18:7-8).

우리가 하나님을 믿는 자들답게 빛을 비추고 맛을 내려고 하면 기도해야 합니다.

사람이 머물다 떠난 자리는 어떤 흔적이든 남기 마련입니다. 결혼식 후에는 꽃 부스러기가 남습니다. 군인들이 야영하다 떠난 자리에는 텐트 친 자리와 트럭의 흔적이 남습니다. 이기적인 야영객이 놀다 떠난 산과 계곡에는 쓰레기와 음식물 찌꺼기가 남습니다. 사람이 세상에 머물다 떠나면 인생의 흔적이 남습니다.

인생에는 어떤 흔적이 남을까요?

첫째, 세상에 살면서 행한 행실이 흔적으로 남습니다.

어떤 이는 악하고 추한 흔적을 남기고, 어떤 이는 곱고 귀한 흔적을 남깁니다. 리빙스턴, 테레사 수녀처럼 봉사와 희생으로 착한 삶을 산 사람은 그 행위가 오랫동안 사람들에게 감동을 줍니다.

둘째, 사람은 자손을 흔적으로 남깁니다.

자식은 부모를 닮습니다. 부모가 좋은 모습으로 살면서 자녀의 모범이 되고 자녀를 하나님의 말씀으로 잘 양육하면 그 자녀는 성공하기 마련입니다. 자녀를 잘 키우는 것은 부모의 책임이고 사명입니다.

셋째, 사람은 이름으로 흔적을 남깁니다.

역사는 사람의 이름을 기록합니다. 역대기에는 많은 왕의 이름이 있습니다. 그리고 악한 왕인지 선한 왕인지 평가가 기록되어 있습니다.

후세 사람들이 당신의 이름에는 어떤 평가를 할까요?
우리 인생의 하루하루가 쌓여서 나중에는 흔적으로 남게 됩니다.
어떤 흔적을 남기고 하나님 나라로 가야 할까요?
하나님 사랑을 나누려고 소금처럼 녹은 흔적을 남겨야 합니다. 전도하려고 초처럼 나를 불태운 흔적을 남겨야 합니다. 그렇게 하기 위해 몸부림쳐서 기도한 흔적을 남겨야 합니다.
하나님께 기도를 올려 드립니다.

사랑과 은혜와 권능이 무한하신 하나님 아버지, 우리를 죄와 멸망에서 구원해 주셔서 하나님의 사랑과 영생의 복음을 전하는 소금으로, 촛불로 삼아 주심을 감사드립니다. 우리가 하나님의 말씀처럼 빛과 소금이 되기 위해서 항상 기도하게 해 주시옵소서. 예수님의 이름으로 기도합니다. 아멘.

제3장
하나님을 기쁘시게 하는 예배자

[이사야 6:1-8]

교회에 다니는 어느 부부가 있었다고 합니다. 그런데 어느 토요일에 남편이 아내에게 1박 2일로 바닷가에 놀러 가자고 했습니다. 아내가 말했습니다.

"내일이 주일인데 집사가 예배 안 드리고 어딜 가요?"

아내는 안 된다고 했지만, 남편은 아랑곳하지 않고서 놀러 가자고 우겨댔습니다.

결국 아내는 남편을 따라 바닷가에 가게 되었습니다. 그런데 남편이 물고기는 잡지 않고, 같이 온 친구들과 연거푸 양주를 마셨습니다. 그다음 날에도 계속 술을 마셨습니다.

오후가 되어서 귀가를 서둘렀습니다. 남편이 술을 많이 마신 고로 주변에서 운전하면 되겠느냐고 걱정하는 말들을 했는데 남편은 "어이, 걱정 붙들어들 매세요" 하면서 끝까지 고집을 부리고 핸들을 잡았습니다.

그렇게 음주 운전을 하다가 판단 미스로 급제동을 하는 바람에 뒤에 따라오던 컨테이너 차가 덮치는 대형 사고가 나고 말았습니다. 안타깝게도 아내는 사고 현장에서 사망하고, 남편은 병원으로 이송 중에 사망하였습니다.

이 부부 장례를 지내는데, 주례 목사님 귀에 "놀러 가지 말고 예배 드리러 갔더라면" 하는 말과 "술이 원수여" 하는 두 가지 소리가 쟁쟁하게 들려오는 것 같더랍니다.

사람은 아는 대로, 아는 만큼 삽니다. 그 부부 집사님이 예배를 정말 제대로 잘 알았더라면 예배를 그렇게 소홀히 하고 놀러 가지는 않았을 것입니다. 그 점에서 우리가 예배를 '알다가도 모를 그 무엇'

이 아니라 정말 생명보다도 더 귀중한 것으로 알고 믿고 지키고 사는 복된 사람으로 새로워지기를 축원합니다.

1. 웃시야왕이 죽던 해

웃시야왕이 죽던 해에 내가 본즉(사 6:1).

이사야 6장은 "웃시야왕이 죽던 해에"로 시작합니다.
웃시야는 16세에 유다 왕이 되었습니다. 그리고 문둥병이 걸리기까지 50여 년간 다스렸습니다. 역대하 26장을 보면 그가 훌륭한 통치자였음을 알 수 있습니다. 그는 2,600여 명의 지휘관과 307,500명의 정예화한 군대를 둘 정도로, 하나님을 철저하게 의지하고 순종함으로 태평성대를 이루었습니다. 우수한 무기를 개발하고 연구소도 만들었습니다. 블레셋 민족과 암몬 족속과 애굽 일부를 점령하였습니다. 경제 발전과 백성 복지를 이루었습니다.
그런 웃시야가 교만해서 아론의 제사장들만 들어가서 집례할 수 있는 분향을 했습니다. 예배를 함부로 한 것입니다. 교만해서 제사장의 영역을 침범했습니다. 제사장들이 극구 말렸지만 듣지 않고 분향하는 화로를 들고 화를 내는 순간 하나님께서 그를 치셔서 이마에 나병이 발병했습니다. 그때로부터 그는 왕의 직무를 전부 아들 요담에게 넘겨주어야 했고, 죽는 날까지 별궁에서 숨어 지내는 신세가 되었습니다.
그러니까 웃시야는 그전까지 유다 나라의 희망이었습니다. 그것은 그가 하나님 보시기에 정직하게 살고 치리하였기 때문에 하나님께서 복을 주신 결과였습니다. 그는 당시 유다의 청년들에게도 희망이었습니다. 그런데 그만 그가 죽은 것입니다.
그러므로 하나님을 진실하게 열정적으로 섬기기를 갈망하는 청년 이사야에게도 웃시야왕의 죽음은 낙심하고 슬퍼할 수밖에 없는 일이었습니다.

2. 예배자 이사야

그 청년 이사야가 웃시야왕이 죽던 그때에 예배를 드리려고 성전에 들어갔습니다. 거기서 아주 특별한 체험을 합니다. 그것은 여섯 날개를 가진 천사들이 두 날개로는 얼굴을 가리고 두 날개로는 발을 가리고 두 날개로는 날면서 "거룩하다. 거룩하다. 거룩하다" 하고 찬송하는 것을 보는 체험이었습니다. 거기서 주님의 목소리가 들려 "하나님을 배반하고 불순종하여 무서운 심판을 받을 유다 백성에게 누가 가서 회개하라고 하시는 하나님의 말씀을 전할꼬" 하시니, 이사야가 "내가 여기 있나이다. 나를 보내소서"라고 대답했습니다.

이 내용을 보면 이사야는 청년이지만 젊을 때부터 꼭 알아야 할 것을 알고 인생을 산 사람입니다.

우선 그는 **하나님을 안** 사람입니다. 창조주 하나님께서 우주, 역사, 인생을 사랑과 공의로 다스리시는 분임을 알았습니다. 사람을 찾으시고 사용하셔서 뜻을 이루시는 하나님이심을 알았습니다.

그는 **예배를 안** 사람입니다. 하나님께서 예배를 통해 사람을 만나 주시고 사람을 변화시키시고 사람에게 힘과 사명을 주심을 안 사람입니다.

그는 **자신을 안** 사람입니다. 자신이 하나님께서 지으신 존재임을 안 사람입니다. 비록 자기가 죄와 허물이 많은 사람이지만 하나님께서 은혜와 능력을 주시면 하나님과 친밀한 사람으로서 하나님의 일을 할 수 있음을 확신하고 산 사람입니다.

그는 **역사를 안** 사람입니다. 웃시야왕이 다스리던 자랑스런 역사가 기원전 740년경 당시 노도와 같이 주변 나라를 휩쓸던 정복 전쟁의 강국 앗수르 디글랏빌레셀왕에 의해서 꺾일 것을 알았습니다.

이사야 6장이 우리를 일깨워 주는 것은, 이사야가 자기 나라의 희망인 왕 웃시야가 죽고 앗수르의 침략으로 역사에 어두운 구름이 끼는 시점에서 하나님의 뜻을 알기 위해서 예배를 드렸다는 것입니다. 그것도 형식적인 예배가 아니라 하나님께서 보내 주신 천사들을 보고 자기에게 들려주시는 하나님의 말씀을 듣는 예배, 그 시대에 하나님을 올바르게 섬기지 않고 극심하게 타락하여 하나님의 심판을 목전에 둔 유다 백성에게 회개하라는 메시지를 외치라는 사명을 받는 예배를 드렸다는 것입니다. 그는 진실한 예배자였습니다.

그렇습니다. 지금 이 어지러운 시대를 사는 우리도 이사야처럼 하나님을 알고 예배를 알고 자기를 알고 이웃을 알고 자기의 사명을 알아야 합니다. 이사야처럼 예배를 참으로 소중하게 여기기를 바랍니다.

3. 예배의 소중함

오래전에 아프리카에 방문한 어느 사람의 이야기입니다. 그곳 아이들이 돌멩이를 가지고 공기놀이 비슷한 놀이를 하고 있어서 자세히 보니 그 돌들이 다이아몬드 원석이더랍니다. 요즘 시세로 하면 값이 천만 원은 할 만한 것들이었습니다. 그 아이들이 다이아몬드로 공기놀이를 한 이유는 그것이 무엇인지를 제대로 몰랐기 때문입니다. 제대로 알았다면 결단코 그것으로 공기놀이를 하지는 않았을 것입니다.

그와 비슷하게 가룟 유다는 예수님의 제자로서의 소중한 직분을 알지 못해서, 아니 알기를 거부해서 예수님을 은 30에 팔아먹었습니다. 예수님을 알기에 그분을 위해서 목숨을 바치는 순교를 한 제자들도 있는데 말입니다.

오늘 주님을 믿는 우리에게 가장 절실하게 요구되는 것 가운데 하나가 예배의 소중함을 제대로 알고 깨닫고 하나님께서 원하시는 예배를 드리는 것입니다.

기독교 역사에 빛나는 분 가운데 한 분이 코리 텐 붐이라는 분입니다. 이분이 할머니 전도자로 여러 곳을 다니며 전도하고 설교하실 때 꼭 하시던 이야기를 소개합니다.

옛 소련 시대에 어느 교회 예배 시간에 총을 겨눈 군인 두 사람이 교회 문을 박차고 들어왔습니다. 그러고는 소리를 질렀습니다.

"5분 안에 교회 밖으로 나가면 살려 준다. 예수를 버리고 살기 원하는 사람은 나가라, 빨리."

몇 사람이 눈치를 살피면서 나갔습니다. 그리고 또 몇 사람이 나갔습니다. 군인들이 "더 이상 없느냐" 하고 소리를 질러대니, 교회 안에 남은 성도들은 비장한 얼굴로 총알이 날아오는 것을 기다리고 있었습니다. 그때, 갑자기 그 두 병사가 총을 바닥에 놓고는 "사랑하는 성도 여러분, 놀라게 해 드려서 죄송합니다. 주님을 위해서라면 죽을 각오가 되어 있는 성도들과만 예배를 드려야 하겠기에, 이렇게 할 수밖에 없었습니다"라고 말했습니다. 그들은 그 시간에 천국에 가는 날까지 가장 가슴에 남을 예배를 드릴 수 있었습니다.

사전에서는 예배의 뜻을 '신을 숭배하기에 행하는 의식. 특히 기독교 신자들이 기도하고 교리를 듣는 일'이라고 정의합니다. 맞는 말입니다. 하지만 예배의 일부분만을 설명한 것입니다.

예배는 하나님과의 만남이고, 대화이며, 하나님에 대한 섬김입니다. 하나님을 하나님으로 대접해 드림입니다. 하나님의 거룩하신 뜻을 이루어 드림입니다. 우리의 몸과 마음과 생활을 하나님께서 다스리시는 통치 영역으로 내어 드림입니다. 우주와 만물과 사람을 만드신 뜻을 이루어 드림입니다. 그러므로 하나님께서 참된 예배를 진실하게 드리라고 명령하셨습니다.

예배를 드리지 않는 것, 내 마음대로 드리는 것, 준비 없이 드리는 것, 집중하지 않고 드리는 것은 하나님께서 가장 싫어하십니다. 예수님의 말씀처럼 신령과 진정으로 예배하기를 바랍니다(요 4:24).

> 그러므로 형제들아 내가 하나님의 모든 자비하심으로 너희를 권하노니 너희 몸을 하나님이 기뻐하시는 거룩한 산 제물로 드리라 이는 너희가 드릴 영적 예배니라(롬 12:1).

하나님께서 기뻐하시는 모이는 예배와 생활의 예배를 드려야 합니다. 예배기피증 환자처럼 하지 마십시오. 온몸과 마음을 다해서 신령과 진정으로 예배드려야 합니다.

사람들은 돈은 얼마든지 더 많이 가지기를 바라고, 건강도 할 수만 있으면 건강해서 무병장수하기를 바랍니다. 우리는 예배를 그렇게 바라고 좋아해야 합니다. 예배를 그렇게 소중히 여기면 먼저 그의 나라와 의를 구하는 것입니다. 그러면 하나님께서는 "이 모든 것을 너희에게 더하시리라"(마 6:33)라고 약속하신 복을 주십니다.

제4장

항상 기도하라

[누가복음 18:1-8]

현대인, 특히 오늘날 한국인이 잃어버린 소중한 것 가운데 하나는 대화입니다. 많은 사람이 가족, 친구, 동료를 앞에 두고 버젓이 스마트폰을 들여다보고 있는 희한한 시대적 풍경을 연출하고 있습니다. 그런 일이 사람 사이에서만 벌어지는 것은 아닙니다. 신앙인 가운데 대다수가 하나님과의 대화인 기도를 스마트폰 보느라고 멈춘 지 오래입니다. 신앙인으로서 참으로 안타깝고 무서운 일입니다.

항상 기도하고 낙심하지 말라는 말씀(눅 18:1)은, 이 땅에 계시는 내내 새벽기도, 성전기도, 철야기도, 산기도를 힘쓰신 예수님이 하신 말씀입니다. 그렇기에 이 말씀은 목회자를 비롯해서 주님을 믿는 남녀노소 모든 성도에게 하신 말씀입니다.

성경을 통해 주님은 기도에 관해 우리에게 가르쳐 주셨습니다.

첫째, 기도하다가 낙심하지 말고 기도하라고 하셨습니다.

도자기가 돌바닥에 떨어져서 깨지듯이 마음이 믿음에서 떨어져서 깨지는 것이 낙심입니다. 그렇게 되지 말고 기도하라고 하셨습니다.

악한 판사의 불의한 재판으로 억울하게 된 과부가 있었습니다. 그녀는 다시 재판해 달라고 판사가 견딜 수 없도록 그의 집 문을 두드렸습니다. 그러자 판사기 결국 자기가 이미 판결했던 문제의 재판을 다시 했습니다. 주님은 그 과부가 한 것처럼 낙심하지 말고 포기하지 말고 기도하라고 하셨습니다.

둘째, 항상 기도하라고 말씀하셨습니다.

죽은 사람이 아니고 산 사람 같은 신앙인이 되기 위해서 항상 기도하라고 하셨습니다. 허파가 평생을 벌떡거려야, 심장이 평생을 뛰어야 산 사람이 됩니다. 그와 같이 기도해야 신앙적으로 살아 있는 사람이 될 수 있으니 항상 기도하라고 예수님은 말씀하셨습니다. 허파가 벌떡거리지 않는데, 심장이 뛰지 않는데 살아 있을 가능성은 억 분의 일도 없습니다. 신앙인이 기도하지 않는데 영적으로 산 사람이 될 가능성도 그처럼 없는 것입니다. 살아 있는 신앙인이 되려면 항상 기도해야 합니다.

항상 기도해야 하는 이유 가운데 하나는 믿는 자를 삼키려는 마귀 때문입니다.

> 마귀의 간계를 능히 대적하기 위하여 하나님의 전신 갑주를 입으라(엡 6:11).

> 근신하라 깨어라 너희 대적 마귀가 우는 사자같이 두루 다니며 삼킬 자를 찾나니(벧전 5:8).

이 말씀처럼 우리 믿는 자들을 삼키려는 악한 마귀의 흉계는 끊임없이 계속됩니다. 그래서 기도해야 합니다. 기도해서 하나님의 도우심을 받아야만 마귀를 이길 수가 있습니다.

> 모든 기도와 간구를 하되 항상 성령 안에서 기도하고 이를 위하여 깨어 구하기를 항상 힘쓰며 여러 성도를 위하여 구하라(엡 6:18).

기도는 하나님과의 대화입니다. 기도로 하나님과 대화해야만 하나님과 친한 사람이 됩니다. 대화가 없는데 친한 부부라고, 친구라고, 친한 동료라고, 형제자매라고 하면 웃을 일입니다. 하나님과의 대화가 기도인데, 기도하지 않으면 하나님과 나의 관계는 별로 친한 것이 아닙니다. 그 '별로'가 쌓이면 신앙생활 적폐가 됩니다.

이제라도 기도에 힘써서 하나님과 친한 사람이 되기를 바랍니다. 지금은 정말로 기도를 힘써 해야 할 말세적인 일이 많은 때입니다.

기도하면 하나님께서 다음과 같이 좋아지게 해 주십니다.

1. 기도하면 믿음이 좋아집니다

　믿음은 하나님에 대한 순종입니다. 우리 몸의 각 지체는 머리가 시키는 대로 합니다. 그렇듯이 하나님의 말씀과 뜻대로 하는 것, 사는 것, 생각하는 것이 순종입니다. 하나님께서 그런 순종을 원하십니다. 그런데 그런 순종은 기도로 하나님과 늘 대화하는 사람이 기쁘게 할 수 있습니다. 하나님께 순종하며 살고 싶다면 예수님이 말씀하신 대로 항상 기도에 힘써야 합니다.

　아브라함이 75세에 고향을 떠나라고 하신 하나님의 말씀에 순종합니다. 그가 기도의 사람이니까 할 수 있었습니다. 그에게 100세에 낳은 아들 이삭을 모리아산에서 번제물로 드리라고 하신 하나님의 말씀에 순종한 것도 기도하는 사람이기에 가능했습니다. 노아가 산더미처럼 큰 방주를 만드는 일에 순종한 것도 기도하는 사람이었기 때문입니다. 기도하는 사람은 커서 부담된다고, 작아서 시시하다고 거부하지 않고, 하나님의 말씀이면 그냥 기꺼이 순종합니다.

　예수 그리스도께서 죄인인 사람의 죄를 대신해서 십자가에서 죽으라고 하신 하나님 아버지의 말씀에 순종하신 것도 기도를 생활화하셨기에 가능했습니다. 예수님이 십자가에 달리시기 전날 밤에, 십자가에 못 박히시는 공포 속에서 "아버지, 만일 아버지의 뜻이거든 이 잔을 내게서 옮기소서. 그러나 내 원대로 마시고 아버지의 원대로 되기를 원합니다"라고 순종의 기도를 하신 것도 늘 기도하셨기에 가능했습니다.

　꾸준히 노력해야 공부, 스포츠, 예술, 직무, 사업, 농사를 잘할 수 있습니다. 그처럼 기도에 항상 힘써야 믿음이 좋아집니다. 아무리 믿음이 없는 사람도 늘 기도에 힘쓰면 믿음 좋은 사람이 됩니다. 반대로 아무리 믿음이 좋은 사람이라도 기도하지 않으면 믿음이 나빠지는 것이 당연지사입니다. 초대 교회의 기둥 같은 야고보 사도는 항상 무릎 꿇고 기도하기를 힘썼기 때문에 무릎에 낙타 발바닥처럼 굳은살이 생겼다고 합니다. 위대한 사도도 기도에 힘쓰지 않으면 믿음이 나빠집니다. 우리가 힘써 기도해서 믿음이 좋아지길 원하시는 예수님이 우리에게 힘써 기도하라고 말씀하셨습니다.

2. 기도해야 사랑을 잘하게 됩니다

> 하나님은 사랑이심이라(요일 4:8).

하나님은 사랑이시므로, 기도로 하나님과 늘 대화하는 사람이 하나님의 절대 사랑인 아가페 사랑을 할 수 있습니다.
그 사랑은 어떤 사랑일까요?

첫째, 예수님처럼 덮어 주는 사랑입니다.
하나님께서는 예수님이 십자가에서 흘리신 보혈로 우리 죄를 덮어 주십니다.

> 사랑은 허다한 죄를 덮느니라(벧전 4:8).

화목한 가정, 교회, 사회를 이루는 데 절실하게 필요한 사랑은 그냥 덮어 주는 사랑입니다. 그 사랑은 죄인을 덮어 주신 하나님께 기도하는 사람이 하게 됩니다.
둘째, 예수님처럼 나누는 사랑입니다.

> 내 너를 위하여 몸 버려 피 흘려 네 죄를 속하여 살길을 주었다.
> 널 위해 몸을 주건만 너 무엇 주느냐?
> 널 위해 몸을 주건만 너 무엇 주느냐?
> -〈내 너를 위하여〉, 찬송 311장

예수님은 하나님을 배반한 우리를 위해 몸 버려 피 흘려 사랑해 주셨습니다. 그 사랑은 하나님과 기도로 대화하여 통하는 사람만이 할 수 있습니다. 항상 기도에 힘쓰십시오. 주님처럼 사랑하게 해 주십니다.
예수님이 말씀하셨습니다.

> 지극히 작은 자 하나에게 한 것이 곧 내게 한 것이니라(마 25:40).

지극히 작은 자 하나에게 한 사랑이 곧 예수님에게 한 사랑이라는 뜻입니다. 갚을 게 있는 사람끼리의 사랑은 일종의 거래인 셈입니다.

자기에게 있는 게 괜찮다 싶으면 벌떡 일어나서 필요한 이에게 가져다주곤 했다는 어느 선교사처럼 되고 싶으면 기도에 힘써야 합니다. 기도하는 사람은 지독한 소유욕을 떨쳐 내는 나눔과 사랑을 합니다.

셋째, 예수님처럼 전도하는 사랑입니다.

사람에게 어떤 것을 주어야 가장 좋은 것을 가장 많이 주는 것일까요?

예수님을 전해 줘서 그의 인생이, 가정이, 영혼이, 인간됨이, 사후가 구원받게 해 주는 것입니다. 그보다 크고 진한 사랑은 없습니다.

하나님께서는 전도하라고 아드님을 이 세상으로 보내셨고, 예수님은 오셔서 복음을 전하셨습니다. 전도를 뒷전에 두고 다른 것에 몰입해서 사는 것은, 다른 누군가의 전도로 구원받은 빚진 자다운 모습이 아닙니다. 전도는 예수님이 항상 기도하심으로 하신 것처럼 하면 됩니다.

3. 기도해야 산 소망으로 살게 됩니다

이 세상의 소망은 거품처럼 사라지고 맙니다. 그런데 하나님께서는 기도하는 사람에게 산 소망을 주십니다.

그 산 소망은 천국입니다. 천국은 사망이 없고 애통하는 것이나 곡하는 것이나 아픈 것이 다시 있지 않은, 이 세상의 괴롭고 불행한 일이 다 지나가서 전혀 없는 곳입니다(계 21:4). 천국은 영원히 사는 곳입니다. 무엇보다도 천국은 하나님과 사람이 완전히 친하게 사는 곳입니다.

기도하는 사람에게 하나님께서 천국 소망을 주십니다. 그러므로 우리는 항상 깨어서 기도해야 합니다.

4. 기도해야 인생이 좋아집니다

　당신은 어려울 때, 진정으로 도와줄 이를 누구로 여기십니까?
　인생의 진정한 도움은 하나님으로부터 옵니다. 그 하나님의 도우심은 기도자가 받습니다. 아브라함이 항상 기도했기 때문에 그의 인생을 하나님께서 도와주셨습니다. 모세도 항상 기도했기 때문에 홍해를 내 집 마당 걷듯이 건너는 은혜를 받았습니다. 기도하는 사람의 가정을, 사업과 직장을, 교회를 하나님께서 잘되게 해 주십니다.
　제가 목회하는 동안 정말 어려운 고비를 잘 넘길 수 있도록 하나님께서 도와주신 이유는 저와 성도들이 기도했기 때문이라고 확신합니다. 기도하면 교회가 서 있는 지역사회는 물론 나라까지도 하나님께서 잘되게 해 주십니다.
　더 이상 기도를 멈출 순 없습니다. 우리의 심장과 허파가 멈춰도 되는 핑계는 없듯이 기도를 멈춰도 되는 핑계는 없습니다. 주님은 말세의 세태처럼 의심하지 말고, 기도에 항상 힘쓰라고 말씀하십니다.

제5장

보혈의 능력

[베드로전서 1:3, 18-19]

세상에는 수많은 힘이 있습니다. 주먹의 힘, 돈의 힘, 핵폭탄과 같은 무기의 힘, 과학과 지식과 지능의 힘, 양심의 힘, 음식의 힘, 자격증의 힘, 예체능의 힘, 전기와 지진과 물과 불의 힘 등이 있습니다.

그런 것들과는 전혀 다른 힘이 있습니다. 그 힘은 하나님의 아들 예수님이 십자가에서 인간을 대신해서 못 박히실 때 흘리신 피의 힘입니다. 예수님이 십자가에서 흘리신 그 피는 세상의 무엇보다도 귀중하다고 해서 '보배로운 피'라고 부릅니다. 그것을 더 줄여서 '보혈'이라고 합니다.

이번 장의 제목은 '보혈의 능력'입니다. 예수님이 우리에 대한 사랑과 은혜로 흘려 주신 십자가 보혈은 놀라운 힘이 있습니다. 보혈을 믿는 자에게 가장 귀한 것을 주시는 능력입니다. 보혈의 능력은 예수님을 믿는 사람의 능력입니다.

곧 하나님 아버지의 미리 아심을 따라 성령이 거룩하게 하심으로 순종함과 예수 그리스도의 피 뿌림을 얻기 위하여 택하심을 받은 자들에게 편지하노니 은혜와 평강이 너희에게 더욱 많을지어다(벧전 1:2).

1. 죄에서 해방되는 능력

험한 십자가에 주가 흘린 피를 믿는 맘으로 바라보니
나를 용서하고 내 죄 사하시려 주가 흘리신 보혈이라.

> 최후 승리를 얻기까지 주의 십자가 사랑하리.
> 빛난 면류관 받기까지 험한 십자가 붙들겠네.
> ―〈갈보리산 위에〉, 찬송 150장

하나님은 죄를 가장 싫어하십니다.
그러면 무엇이 죄일까요?
하나님을 무시하는 마음이 죄입니다. '하나님이 어디 있어?' 하는 게 죄입니다. '나는 하나님 안 믿을래' 하는 게 죄입니다. 이 죄는 사람의 마음을 지배하여 부모님께 불순종, 친구 괴롭히기, 얌체 주차, 쓰레기 몰래 버리기, 욕, 다툼, 자연 파괴 등을 하게 하는 것은 물론 보이스 피싱, 도둑질, 강도질, 살인, 전쟁 등을 하게 합니다.
그런데 보혈의 능력을 믿으면 이런 죄에서 해방됩니다. 이런 죄가 싫어집니다.

> 너희가 알거니와 너희 조상이 물려준 헛된 행실에서 대속함을 받은 것은 은이나 금같이 없어질 것으로 된 것이 아니요 오직 흠 없고 점 없는 어린양 같은 그리스도의 보배로운 피로 된 것이니라(벧전 1:18-19).

보혈은 다음 세 가지를 해 줍니다.

첫째, 죄로 더러워진 몸과 마음과 인생을 깨끗하게 해 줍니다.
한여름에 샤워로 시원한 것은 비교도 안 되게 마음과 영혼과 인생이 상쾌해지게 해 줍니다.

> 그 아들 예수의 피가 우리를 모든 죄에서 깨끗하게 하실 것이요(요일 1:7).

둘째, 죄를 지어서 받아야 하는 심판과 멸망을 면제해 줍니다.
심판받고 지옥에 가야 하는 것 때문에 느끼는 두려움과 괴로움으로부터 해방되는 기쁨을 줍니다.

> 우리는 그리스도 안에서 그의 은혜의 풍성함을 따라 그의 피로 말미암아 속량 곧 죄 사함을 받았느니라(엡 1:7).

염소와 송아지의 피로 하지 아니하고 오직 자기의 피로 영원한 속죄를 이루사 단번에 성소에 들어가셨느니라(히 9:12).

셋째, 더는 죄의 종노릇을 하지 않게 해 줍니다.
사람이 더러운 생각과 욕, 거짓말, 나쁜 일, 싸움, 화내며 고함지르기, 남 괴롭히기, 불평하기, 남을 깎아내리는 험담, 깐죽거리기, 몰래 훔치기, 게으름 피우기 등을 하는 것은 죄가 시켜서입니다.
보혈을 믿으면 그런 것을 하지 않게 됩니다. 오히려 "죄야, 너는 아무것도 아니다. 나에겐 보혈의 능력이 있다. 썩 물러가라!" 하고 죄에게 호령하는 사람이 됩니다.
예수님의 보혈을 믿으면 더는 죄의 종노릇을 하지 않고 죄에서 자유합니다. 그래서 찬송 268장의 가사가 내 생활이 됩니다.

> 죄에서 자유를 얻게 함은 보혈의 능력 주의 보혈
> 시험을 이기고 승리하니 참 놀라운 능력이로다.
> 주의 보혈 능력 있도다. 주의 피 믿으오.
> 주의 보혈 그 어린양의 매우 귀중한 피로다.
> 육체의 정욕을 이길 힘은 보혈의 능력 주의 보혈
> 정결한 마음을 얻게 하니 참 놀라운 능력이로다.
> 주의 보혈 능력 있도다. 주의 피 믿으오.
> 주의 보혈 그 어린양의 매우 귀중한 피로다.
> -〈죄에서 자유를 얻게 함은〉, 찬송 268장

2. 예수님을 닮은 사람이 되는 능력

그런즉 누구든지 그리스도 안에 있으면 새로운 피조물이라 이전 것은 지나갔으니 보라 새것이 되었도다(고후 5:17).

보혈의 능력을 믿는 사람은 새로운 피조물이 됩니다. 예수님의 보혈의 능력을 믿으면 지금 막 태어난 아기처럼 이전과는 전혀 다른 사람이 됩니다. 예수님을 닮은 사람이 되는 것입니다. 아이일지라도 그 생각과 말과 몸가짐과 하는 일이 예수님을 닮게 됩니다. 얼굴 이미지까지 예수님을 닮게 됩니다. 청년, 부모, 노인 모두 예수님을 닮은 자가 되게 해 주는 것이 보혈의 능력입니다.

3. 하나님의 일을 잘하는 능력

> 친히 나무에 달려 그 몸으로 우리 죄를 담당하셨으니 이는 우리로 죄에 대하여 죽고 의에 대하여 살게 하심이라 그가 채찍에 맞음으로 너희는 나음을 얻었나니(벧전 2:24).

이 말씀에서 보듯이 예수님은 친히 '나무', 즉 십자가에 달리셔서 보혈을 흘려 주셨습니다.

예수님의 십자가 보혈을 믿으면 하나님의 일을 잘하는 사람이 됩니다. 지금까지는 경쟁하여 이기는 일, 돈을 많이 버는 일, 스타처럼 인기 얻는 일, 취미 생활, 건강과 외모 관리, 사람들의 인정과 신임을 얻는 일이 중요했습니다. 그렇지만 보혈의 능력을 믿으면 하나님의 일을 중요하게 생각하고, 하나님의 일을 우선시하고, 하나님의 일에 최선을 다하고, 하나님의 일은 작은 일이라도 소중히 여기며, 하나님의 일을 끝까지 즐겁게 하는 사람이 됩니다.

하나님의 일은 무엇인가요?

첫째, 하나님의 영광을 나타내는 것.
둘째, 하나님께서 기뻐하시는 은혜와 진리의 교회 되게 힘쓰는 것.
셋째, 예수님을 가족과 친구와 이웃에게 전해서 구원받게 하는 것.
넷째, 하나님의 아가페 사랑, 십자가 사랑을 모든 이에게 전하는 것.

나를 욕하고 무시하고 뒷담화하고 싫어하고 따돌려도 하나님께 맡기고 예수님처럼 사랑하는 것이 하나님의 일입니다. 또한, 나에게 잘하는 사람에게 배은망덕하지 않고 감사하는 것이 하나님의 일입니다.

하물며 영원하신 성령으로 말미암아 흠 없는 자기를 하나님께 드린 그리스도의 피가 어찌 너희 양심을 죽은 행실에서 깨끗하게 하고 살아 계신 하나님을 섬기게 하지 못하겠느냐(히 9:14).

4. 마귀와 세상을 이기는 능력

보혈의 능력은 마귀와 세상을 이기게 해 줍니다.
세상이 무엇인가요?

첫째, 마귀는 좋아하고 하나님은 싫어해서 하나님과 원수 되는 것.
둘째, 마귀가 왕 노릇 하는 것.

이런 것이 세상이기 때문에 사람의 힘으로는 세상을 이길 수 없습니다.
요즘 '아빠 찬스'를 이용해서 입학이나 취업을 하고 거액을 물려받으면서 탈세하는 일 등으로 지탄받는 젊은이들이 있습니다. 이런 일은 반드시 고쳐져야 합니다.
그런데 '하나님 아빠 찬스'의 도움을 받으면 못할 게 없고 비난은 커녕 영광이 됩니다. 다윗이 이 찬스를 잘 썼습니다.
예수님의 보혈을 믿는 사람은 하나님께서 그의 아버지가 되어 주십니다. 그래서 아빠 찬스를 쓰게 해 주시니 아무리 힘든 공부도, 일도, 사업도, 가정 살림도 능히 하게 됩니다. 심지어 마귀와 그가 조종하는 악한 세상도 이기는 자가 됩니다. 그래서 "예수 이름으로 예수 이름으로 승리를 얻었네"라고 찬송하게 됩니다.
보혈의 능력으로 승리하길 바랍니다.

제6장

세례받는 사람의 행복

[로마서 6:1-11]

    콘스탄티누스 대제 이야기입니다. 그는 기독교의 자유를 선포한, 기독교 역사에서 대단히 중요한 로마 황제입니다. 그런데 그는 죽음이 임박했을 때까지 세례를 받지 않았다고 합니다. 왜냐하면, '나는 왕이니까 사람을 죽여야 하고, 전쟁을 해야 한다. 그런고로 세례를 받을 수가 없다'라고 생각했기 때문입니다. 그는 죽음이 임박해서야 세례를 받았는데, 오른손은 물 위로 뻗고 물속에 들어갔습니다. 오른손으로 험한 짓을 많이 해서 그랬다고 합니다.
    그는 자신이 세례받으면 그 후로는 완전하게 하나님의 사람으로 살아야 하는데 그렇게 살 자신이 없어서 세례를 미뤘습니다. 세례를 잘못 알았던 것입니다. 세례를 받는 것도, 받은 이후에 세례받은 사람답게 살아가는 것도 전적으로 주님의 은혜입니다.
    세례는 해외에 나가는 사람의 여권 같은 것입니다. 해외 여행자는 여권 없이는 할 수 있는 것이 없습니다. 그리스도인은 세례를 받아야 교회에서 신앙생활을 제대로 할 수 있습니다. 세례를 받아야 교회의 셀 리더, 집사, 권사, 장로, 교사, 성가대원, 제직회, 부서장 등으로 임명될 수 있습니다. 기독교 신앙으로 운영하는 회사나 학교에 들어갈 때도 세례를 받아야 하는 경우가 많습니다. 교회에서 예배 순서를 맡거나, 성찬식에서 성찬을 받는 것도 세례를 받아야 할 수 있습니다.
    세례를 받으라고 하면 너무 부담스럽게 생각하는 이들이 있지만, 예수님을 믿고 교회에 다니는 사람은 꼭 서두를 것이 세례입니다.
    한국 선교가 시작된 것은 1884년입니다. 하지만, 복음 전파의 자유가 주어진 것은 아니었습니다. 선교사들이 정식으로 복음을 전할 수 있다는 허가를 받은 것은 14년 후 1898년이었습니다. 복음 전파의 문은 힘겹게 열렸던 것입니다.

당시 한국인이 기독교인이 되는 것은 금지되어 있었지만 그들의 마음속에 움트기 시작한 호기심은 법으로 막을 수 없었습니다.

그 대표적인 경우가 노도사라고 알려진 노춘경(盧春京)입니다. 그는 우연히 한문으로 된 기독교 배척 문서를 읽고 오히려 믿음이 생겼습니다. 그는 선교사들에게 접근하여 기독교를 알고자 하였으나 선교사들은 주저하였습니다. 노춘경은 포기하지 않고 선교사 알렌의 집에 가서 그의 책상 위에 놓여 있던 복음서를 몰래 가져가서 열심히 읽었습니다.

노춘경의 마음이 열리기 시작했습니다. 그는 구할 수 있는 한 많은 기독교 서적을 읽었고 선교사들의 주일예배에도 참석하였습니다.

그는 결국 정식으로 세례를 받고 신자가 되기로 작정하고 선교사 언더우드에게 세례문답을 받았습니다. 언더우드는 노춘경에게 마지막으로 이 나라의 법이 아직 신앙의 자유를 허락하지 않고 있으나 한번 믿기로 작정한 사람은 마음을 바꾸어 돌아서면 안 된다는 것을 주지시켰습니다. 그에 대해서 노춘경은 자신의 결심은 분명하며 최악의 경우 목숨을 바칠 각오가 되어 있다고 대답했습니다.

아펜젤러는 당시 노춘경의 세례에 대한 자신의 느낌을 1886년 7월 24일자 일기에 이렇게 적었습니다.

> 우리로서는 그 의식이 대단히 조심스러울 수밖에 없었다. 그 사람은 한국인들의 분노를 사게 될 매우 큰 위험에 처하게 될 것이기 때문이다. 그러나 우리는 그를 새로운 삶으로 이끄신 분께서 그를 지키시리라고 확신한다.

이런 논의와 기도 과정을 거쳐서 1886년 7월 18일 주일에 헤론 선교사의 집에서 노춘경은 세례를 받았습니다. 한국 땅에서 한국인에게 준 최초의 세례였습니다. 그 세례는 목숨을 건 세례였습니다.

> 그러므로 우리가 그의 죽으심과 합하여 세례를 받음으로 그와 함께 장사되었나니 … 우리로 또한 새 생명 가운데서 행하게 하려 함이라(롬 6:4).

세례의 의미를 살펴보겠습니다.

1. 세례는 예수님과 함께 죽음입니다

고대에 죄수를 처형하는 방법 중에 하나는, 이미 죽어서 부패하는 시신에 죄수를 결박해서 같이 부패해서 죽게 하는 처형법이었습니다. 하나님께서는 구원받고 세례받는 사람은 예수님이 십자가에 죽으실 때 함께 죽었다고 하십니다. 세례는 죄악 가운데 살던 나의 옛사람이 예수님처럼, 예수님과 함께 죽는 것입니다.

> 무릇 그리스도 예수와 합하여 세례를 받은 우리는 그의 죽으심과 합하여 세례를 받은 줄을 알지 못하느냐 그러므로 우리가 그의 죽으심과 합하여 세례를 받음으로 그와 함께 장사되었나니 이는 아버지의 영광으로 말미암아 그리스도를 죽은 자 가운데서 살리심과 같이 우리로 또한 새 생명 가운데서 행하게 하려 함이라 만일 우리가 그의 죽으심과 같은 모양으로 연합한 자가 되었으면 또한 그의 부활과 같은 모양으로 연합한 자도 되리라 우리가 알거니와 우리의 옛사람이 예수와 함께 십자가에 못 박힌 것은 죄의 몸이 죽어 다시는 우리가 죄에게 종 노릇하지 아니하려 함이니(롬 6:3-6).

2. 세례는 죄에 대하여 죽고, 벗어난 생활의 시작입니다

예수님을 믿어서 구원받고 세례를 받은 사람은 죄에 대해서는 죽어 공동묘지에 누운 사람처럼 되는 것이 우리를 구원하여 주신 사랑의 하나님의 뜻입니다.

하나님께서는 그리스도를 믿고 영생을 얻는 세례를 받은 이는 "죄에 대하여 죽은"(롬 6:2) 자라고 하십니다. 그런 자는 "죄의 몸이 죽었다"(롬 6:6)라고 하십니다. 즉, 죄 범하기를 좋아하고 잘하는 우리의 몸이 세례를 받음으로 죽은 몸이 되었다고 하십니다. 예수님 믿고 세례를 받은 사람은 사망이 그를 주장하지 못할 줄을 안다고 하십니다(롬 6:9).

> 그가 죽으심은 죄에 대하여 단번에 죽으심이요(롬 6:10).

예수님이 우리를 구원하시려고 완전히 죽으신 것처럼, 세례받는 이도 죄에 대해서 완전히 죽은 것이라고 하십니다.

> 죄에 대하여 죽은 우리가 어찌 그 가운데 더 살리요 … 너희도 너희 자신을 죄에 대하여는 죽은 자요 그리스도 예수 안에서 하나님께 대하여는 살아 있는 자로 여길지어다(롬 6:2-11).

하나님은 세례받은 우리에게 "너희 자신을 죄에 대하여는 죽은 자로 여기라"라고 하십니다. 죽은 사람은 손가락도 까딱 못하듯이, 죄에 대해서 그러라고 하십니다. 다시는 우리가 죄에게 종노릇하지 않는 것이 하나님의 바람입니다.

> 그러므로 너희는 죄가 너희 죽을 몸을 지배하지 못하게 하여 몸의 사욕에 순종하지 말고 또한 너희 지체를 불의의 무기로 죄에게 내주지 말고 오직 너희 자신을 죽은 자 가운데서 다시 살아난 자같이 하나님께 드리며 너희 지체를 의의 무기로 하나님께 드리라(롬 6:12-13).

죄는 사람에게 노예 주인이 노예에게 하듯이 하려고 하지만 그렇게 하지 못하게 하라고 하나님께서 말씀하십니다. 또한, 죄악을 도와주는 도구 노릇, 전쟁을 이기게 해 수는 무기 같은 노릇을 하지 말라고 하십니다.

3. 세례는 예수님과 함께 사는 시작입니다

> 아버지의 영광으로 말미암아 그리스도를 죽은 자 가운데서 살리심과 같이 우리로 또한 새 생명 가운데서 행하게 하려 함이라 만일 우리가 그의 죽으심과 같은 모양으로 연합한 자가 되었으면 또한 그의 부활과 같은 모양으로 연합한 자도 되리라(롬 6:4-5).

믿고 세례받은 사람은 하나님의 영광을 위해서 살아야 합니다. 또한, 부활하신 예수님을 빼닮은 삶을 살아야 합니다.

> 그가 살아 계심은 하나님께 대하여 살아 계심이니(롬 6:10).

예수님처럼 하나님을 위해서 살아야 합니다. 세례자는 하나님과의 관계를 생명으로 여기시는 예수님처럼 살아야 합니다.

> 오직 너희 자신을 죽은 자 가운데서 다시 살아난 자같이 하나님께 드리며 너희 지체를 의의 무기로 하나님께 드리라(롬 6:13).

세례받는 이는 그리스도 안에서 새 생명을 얻은 감사와 감격으로 하나님께서 그의 몸과 마음을 쓰시도록 바치는 인생을 시작해야 합니다.

어떤 이가 세례받기 전에 한 가지 다짐을 했습니다. 세례를 받으면서 결단코 울지 않겠다고 결심한 것입니다. 마침내 세례를 받은 그의 간증입니다.

> 목사님이 무릎 꿇고 앉은 내 머리에 손을 얹고 힘을 주셨다. '이제 시작이다' 하며 마음을 굳게 먹고 있는데 물이 내 머리를 타고 흐르자 감정이 복받치며 눈물이 왈칵 쏟아졌다. 물로 죄를 씻는 형식을 취한다고 했는데, 그건 단순한 형식이 아니었다. 자리에 돌아와 앉았는데도 눈물이 멈추지 않았다.
> 이 자리에 오기까지 왜 그렇게 힘들었고 또 오래 걸렸을까?
> 결국 이렇게 될 것을 뭐가 잘났다고 그렇게 버텼을까?

사람들을 펑펑 울리겠다고 자신하던 나는 없었고 죄를 용서받고 눈물 흘리는 초라한 나만 있었다. 내가 흘린 눈물에는 과거에 대한 서러움도 담겨 있었던 것 같다. 그리고 이제 죄를 용서받고 든든한 하나님 세계로 들어간다는 격한 행복의 눈물이었다. 하나님은 멋지게 간증하겠다는 나의 교만함도 여지없이 무너뜨리셨다. 하나님은 잔머리 굴리는 교만한 나를 원하시지 않는 것이 확실하다. 그래도 나의 그 진심을 하나님이 들으셨으니 만족하고 행복했다.

참세례는 진정 행복한 인생 제2장의 시작입니다.

제7장

엠마오로 가는 두 제자

[누가복음 24:13-35]

영국의 한 젊은 변호사인 프랭크 모리슨은 죽은 자의 부활은 있을 수 없는 허무맹랑한 일이라고 확고하게 여겼습니다. 그래서 예수 그리스도는 결단코 부활한 일이 없었다는 책을 쓰려고 방대한 자료를 모으고 정리를 해서 결론을 담은 책을 내려 했는데, 큰일이 일어났습니다. 그가 예수 그리스도께서 부활하신 증거를 송두리째 믿는 사람이 된 것입니다. 그래서 낸 책이 『누가 돌을 옮겼는가?』라는 유명한 책입니다.

우리가 그저 사람은 죽는 존재라고 생각하니까 부활이 믿기지 않을 뿐이지, 사실 예수님이 부활하신 사건에 관심을 기울여 보면 그것이 역사적으로 명백한 사실임을 더욱더 확신하게 됩니다.

만일 예수님이 부활하신 것이 사실이 아니라면 예수님을 십자가에 못 박았던 사람들이 "얼씨구나!" 하고 대대적으로 그 사실을 알리느라 야단났을 것입니다.

그러나 우리 구주 예수 그리스도께서는 죄와 죽음의 권세를 깨뜨리시고 부활하셨습니다. 승리하셨습니다. 이기셨습니다. 사망과 지옥 권세를 이기셨습니다.

1. 엠마오로 가는 제자들

누가복음 24장 13절을 보면, 예수님이 십자가에서 못 박혀 죽으시고 부활하신 후에 예수님의 제자 중 둘이 엠마오라는 마을로 가는 장면이 나옵니다. 엠마오는 따뜻한 샘, 즉 온천이란 의미입니다. 제자 중의 한 사람은 글로바입니다(눅 24:18). 그리고 다른 한 사람은 몇 사람으로 추측되는데 글로바의 아내라는 견해가 비교적 많습니다.

하여튼 이 두 사람은 예수님의 제자입니다. 이어지는 성경 말씀에서 예수님과 대화하는 것을 보면, 그들은 예수님이 하신 말씀을 들었고 그분이 하시는 일을 보았으며 그분이 십자가에서 돌아가신 것까지 생생하게 목도한 사람들입니다. 구약성경의 선지자들의 말대로 예수님을 이스라엘을 속량하실 분으로 여기기도 했습니다.

두 제자는, 새벽에 예수님이 묻히신 무덤에 가서 예수님은 다시 사셨다는 말을 천사로부터 듣고 왔다는 막달라 마리아를 비롯한 여자들의 얘기와, 그 얘기를 듣고 베드로와 다른 제자들이 가 보았더니 무덤이 비어 있었다는 얘기까지도 들었습니다. 그러니까 예수 그리스도께서 부활하신 것을 믿을 수 있고 또 믿어야 하지만, 의심했습니다.

그러므로 이 두 사람은 예루살렘을 떠나서 엠마오로 가면서 아주 슬퍼하고 있었습니다(눅 24:17). 엠마오로 가는 그들의 발걸음은 힘이 없었고, 어깨는 처져 있었고, 표정은 수심에 잠겨 있었습니다. 이유는 하나, 부활을 믿지 않아서입니다.

그래서 예수님이 그들에게 조금은 꾸짖는 투로 말씀하셨습니다.

> 미련하고 선지자들이 말한 모든 것을 마음에 더디 믿는 자들이여(눅 24:25).

예수님은 사업, 연구 실적, 외모, 노래와 춤과 그림 실력, 소유의 많고 적음 때문에는 뭐라고 안 하십니다. 그렇지만 하나님을 믿지 않는 것, 의심하는 것은 지적하십니다. 예수님을 믿지 않기에 하는 말과 행동에 대해서는 뭐라고 하십니다. 예수님은 두 제자가 주님이 부활하신 것을 믿지 않았기에 슬픔과 낙심 속에 엠마오로 가는 것을 안타까워하셨습니다.

오늘 우리도 엠마오로 가는 두 제자와 같다고 할 수 있습니다. 우리는 예수님을 믿고 따르는 사람입니다. 예수님과 성경 말씀과 신앙생활과 관련된 지식과 기독교계 소식을 잘 아는 사람입니다. 믿음의 가정에서 태어나고 자란 사람일 수도 있습니다. 교회생활을 오래 했고 잘하는 사람일 수도 있습니다.

그런데 정작 성삼위 하나님, 천국, 영생, 지옥, 심판, 세상 종말, 하나님의 아들이 사람 되심, 죄 용서해 주심과 용서받음, 성령님의 일 하심처럼 생생하게 믿어야 할 것은 믿지 않는 식의 신앙생활을 할 수 있습니다.

그렇게 진정 믿지 않는 것 중의 하나가 예수 그리스도께서 죽음을 이기시고 다시 사셨다는 사실입니다. 그것을 믿지 않기에, 믿는 자로서의 생생하고 복스러운 모습을 잃고 살아가는지도 모릅니다.

그렇다면 우리가 가는 인생길이 바로 두 제자가 엠마오로 가는 길입니다. 하나님께서 기뻐하실 모습이 아니고 참으로 안타까운 모습입니다. 이러한 신앙생활은 진정 회개하고 달라져야 할 모습입니다.

2. 찾아오신 예수님

부활하신 예수님은 두 제자를 찾아오셨습니다. 예수님이 다시 사셨건만 두 제자는 부활을 믿지 않고 엠마오로 가고 있었습니다. 그런데도 예수님은 찾아오시어 동행하여 주셨습니다. 함께 대화하며 위로해 주셨습니다. 말씀을 나누고 식사를 같이해 주심으로 마음이 뜨거워지고 믿게 해 주셨습니다. 부활은 사람으로서는 할 수 없지만 하나님과 예수님은 하실 수 있음을 믿게 해 주셨습니다.

믿지 않고 가는 제자들을 찾아오신 예수님은, 하나님 보시기에 부족한 믿음을 가지고 인생길을 가고 있는 우리에게도 찾아오십니다. 믿음이 없어서 슬픔과 절망과 두려움과 무기력함으로 터덜터덜 걷고 있는 우리의 인생길에 찾아오십니다.

그리고 두 제자에게 해 주셨듯이, 말씀해 주십니다. 위로해 주십니다. 의심이 믿음이 되게 해 주십니다. 슬픔은 기쁨으로, 절망은 소망으로, 두려움은 믿음으로 바꾸어 주십니다.

3. 예루살렘으로 돌아간 제자들

곧 그때로 일어나 예루살렘에 돌아가 보니(눅 24:33).

부활하신 예수님을 만난 두 제자는 엠마오로 가던 방향을 바꾸어서 예루살렘으로 갔습니다. 부활하신 예수님이 제자들에게 "예루살렘을 떠나지 말고 내게서 들은 바 아버지께서 약속하신 것을 기다리라"(행 1:4)라고 하셨기 때문입니다.

진정 전도하려면 하나님 아버지께서 약속하신 성령을 받는 것이 가장 중요합니다. 부활하신 예수님은 제자들에게 말씀하셨습니다.

오직 성령이 너희에게 임하시면 너희가 권능을 받고 예루살렘과 온 유대와 사마리아와 땅끝까지 이르러 내 증인이 되리라(행 1:8).

전 세계 복음화를 위한 하나님의 구원 계획의 시작점이 예루살렘입니다. 전 세계 복음화를 위해서 쓰임받는 제자가 되려면 반드시 성령을 받아야 합니다. 엠마오로 가던 두 제자는 예루살렘으로 돌아갔습니다. 자기의 사명을 발견한 그날이 인생이 새로 태어나는 날입니다. 엠마오로 가다가 사명을 발견하고 예루살렘으로 간 그날이 두 제자에게 바로 그런 날이었습니다.

예루살렘에 가서 성령을 받아야 하는 이유는 성령받으면 사람이 완전히 거듭나기 때문입니다.

오직 성령의 열매는 사랑과 희락과 화평과 오래 참음과 자비와 양선과 충성과 온유와 절제니 이 같은 것을 금지할 법이 없느니라(갈 5:22-23).

성령님은 사람이 사랑의 사람, 기쁨의 사람, 화평의 사람, 오래 참는 사람, 자비의 사람, 양선의 사람, 충성의 사람, 온유의 사람, 절제의 사람으로 부활하게 해 주십니다. 그래서 1년 365일을 예수님 닮은 사람이 되어 살게 해 주십니다. 이런 이유로 엠마오로 가던 두 제자가 예루살렘으로 돌아간 것이 정말 중요합니다.

언제나 기쁨과 감사로 손님을 맞으며 꽃을 파는 분이 있었다고 합니다. 단골인 어느 분이 물었습니다.
"사장님은 걱정이 없으신가 봐요?"
그러자 꽃집 사장님이 대답합니다.
"천만에요. 그런 인생이 어디 있어요?"
단골이 다시 묻습니다.
"그런데 어떻게 늘 웃으면서 사세요?"
꽃집 사장님이 말합니다.
"3일의 비밀 덕분입니다."
단골이 의아해하며 묻습니다.
"3일의 비밀이라니요?"
꽃집 사장님이 비밀을 말해 줍니다.
"저는 문제가 생길 때마다 하나님께 기도로 맡기고, 3일을 가만히 기다립니다. 그러면 예수님이 하나님의 능력으로 3일 만에 부활하신 것처럼 하나님께서 그 문제를 해결해 주시지요. 저는 예수님의 부활을 인생의 진리와 능력으로 삼고 살아요."
이처럼 예수님이 부활하심을 믿으면 새 인생을 살게 됩니다.
기독교는 2천 년 역사 속에서 수많은 박해와 유혹의 도전을 받았습니다. 그런 위기 때마다 그것을 오히려 갱신의 기회로 삼고서 세상을 압도하는 생명력 있는 교회가 될 수 있었던 것은 십자가와 부활을 믿는 믿음 때문이었습니다.
예수 그리스도의 부활은 부활절 때만의 부활이 아니라 우리가 사는 1년 365일의 부활, 우리 평생의 부활입니다.

제8장

영원토록 빛나는 가정

[창세기 22:1-19]

    탈무드에 나오는 이야기입니다. 어떤 사람이 길을 가다가 길가 우물에 침을 "퉤!" 하고 뱉었습니다. 그리고 집으로 돌아오다가 그 우물 가까이 와서는 목이 너무나도 말라서 자기가 침 뱉은 그 우물물을 떠서 마셨습니다.
    우리가 인생에서 이 우물처럼 소중히 여겨야 할 것에 함부로 했다가는 나중에 자기가 침 뱉은 우물물을 마시는 것처럼 될 수가 있으니 주의하라는 교훈을 주는 이야기입니다.
    이 이야기의 우물과 같은 것에는 무엇이 있을까요?
    인간관계, 생태계, 질서, 건강, 직장, 교회, 가정 등이 있습니다. 특히 가정을 소홀히 하면 침 뱉은 우물물을 마시는 격이 됩니다.

> 너희는 이 세대를 본받지 말고 오직 마음을 새롭게 함으로 변화를 받아 하나님의 선하시고 기뻐하시고 온전하신 뜻이 무엇인지 분별하도록 하라(롬 12:2).

    이 말씀에서 하나님은 이 세대를 본받지 말라고 하십니다. 우리가 이 시대에서 가장 본받아서는 안 될 것은 가정을 해치는 것입니다. 그것은 우물에다가 침을 뱉는 것과 같은 처사입니다.
    가정은 하나님께서 만드셨습니다.

> 하나님이 자기 형상 곧 하나님의 형상대로 사람을 창조하시되 남자와 여자를 창조하시고(창 1:27).

하나님께서는 남자와 여자를 창조하셔서 가정을 창조하셨습니다. 그러므로 하나님의 작품인 가정을 소중히 여겨야 합니다.

창세기 22장에는 믿음의 조상인 아브라함의 가정이 했던 일이 기록되어 있습니다. 하나님께서 아브라함에게 100세에 낳은 아들 이삭을 모리아산에 가서 번제로 드리라고 하셨습니다. 구약 시대의 제사는 지금의 예배입니다. 그때 제사는 양이나 소나 비둘기를 잡아서 제단에 올리고 태워 드렸습니다. 사람은 제물이 아닙니다. 그런데 하나님께서 사람을, 그것도 100세에 낳은 아들을 제물로 드리라고 하셨습니다.

그런데도 아브라함은 아들 이삭과 모리아산에 가서 제단을 만들고 이삭을 묶어서 제물로 올려 놓고 칼로 잡으려 했습니다. 그 순간 "아브라함아" 하고 하나님께서 급히 부르시곤 말씀하셨습니다.

"네 맘 알았다. 네가 100세에 얻은 아들까지도 나에게 제물로 바칠 정도로 나를 섬기는 것을 이제 다시 확실히 알았다. 그래서 내가 너에게 큰 복을 주고, 너로 인하여 천하 만민에게 복을 주겠다."

아브라함의 가정은 수천 년이 지난 지금도 신앙의 가정이 본받고 하나님의 복을 받게 해 주는 빛나는 믿음의 가정입니다.

1. 아브라함의 가정은 믿음을 제일로 여긴 가정입니다

아브라함과 그의 가족은 돈, 부동산, 사람이 아닌 하나님을 믿는 것을 최고로 여기며 살았습니다.

구체적으로 어떻게 살았나요?

첫째, 어린 자식이 부모님을 의지하는 것 이상으로 하나님을 의지하고 살았습니다. 높은 데서 아빠 품에 뛰어내려 안기는 것처럼 다 하나님께 맡기고 살았습니다.

둘째, 내 이름과 얼굴, 체면보다 하나님이 영광 받으심을 더 중요시했습니다.

셋째, 내 맘대로 살기보다 내비게이션 보고 운전하듯이 하나님 말씀대로 살았습니다.

넷째, 사람이나 돈이나 반려동물보다도 하나님을 더 사랑하는 생활을 했습니다.

다섯째, 이 세상이 다가 아니고 영원한 하나님 나라 위주로 살았습니다.

여섯째, 사람이나 돈이나 폭력이나 출세보다도 하나님을 더 두려워하며 살았습니다.

일곱째, 우주 만물과 사람을 만드신 분은 하나님이심을 믿는 가정이었습니다.

여덟째, 각 사람과 가정을 향한 하나님의 계획과 뜻이 있음을 믿고 살았습니다. 입술로만 말한 게 아니고 정말 믿었습니다.

아브라함의 가정은 어떤 가정인가요?
성경을 통해 살펴봅니다.

첫째, 믿음으로 사는 본을 보여 주는 부모가 있는 가정입니다.
이삭의 아버지는 아브라함이고, 그의 어머니는 사라입니다. 그런데 아브라함과 사라는 하나님의 말씀대로 이삭을 드리려고 했습니다. 믿음 때문입니다. 만약에 믿음이 없었다면 이렇게 생각했을 것입니다.

'아니야. 내가 하나님의 음성을 잘못 들은 거야. 사랑의 하나님께서 부모에게 아들을 드리라고 하셨을 리가 없어.'

그러나 이삭의 아버지 아브라함과 어머니 사라는 믿음으로 순종했습니다.

둘째, 믿음으로 사는 부부의 가정입니다.
남편인 아브라함이 믿음으로 이삭을 드린다고 모리아산으로 데리고 갈 때, 아내 사라는 추호의 반대나 그 비슷한 언행을 하지 않았습니다. 그들은 하나님에 대한 믿음으로 삶에서 서로 존중하고 사랑하며 협력하는 부부였습니다.

셋째, 부모님을 공경하는 자녀가 있는 가정입니다.

아브라함의 아들 이삭은 신하가 왕에게 하듯이 부모님을 공경했습니다. 그는 부모님을 하나님께서 그에게 주신 가장 귀중한 분으로 믿었기에 부모님을 공경했습니다.

세상에 어떤 아들이 아버지가 자기를 불에 태워서 신에게 제물로 드린다면서 칼로 찌르려 하는데 가만히 있겠습니까?

그런데 이삭은 순하게 따랐습니다. 하나님을 믿기 때문입니다. 믿음도 형식적인 믿음이라면 그렇게 안 하고, 못합니다. 이삭은 진실한 믿음으로 하나님을 공경하여 부모님을 섬겼습니다.

2. 아브라함의 가정은 하나님께서 복 주신 가정입니다

아브라함이 하나님 말씀대로 아들 이삭을 데리고 모리아산에 가서 제단을 만들고 아들 이삭을 묶어서 제물로 올려놓고 칼로 잡으려고 하는 순간 하나님께서 급히 부르시며 말씀하셨습니다.

"아브라함아, 네 맘 알았다. 그 아이에게 손을 대지 마라. 그에게 아무 일도 하지 마라. 네가 100세에 얻은 아들까지도 나에게 제물로 드릴 정도로 나를 섬기는 것을 이제 다시 확실히 알았다. 그래서 너에게 큰 복을 주고, 더 나아가 너 때문에 천하 만민에까지 복을 주겠다."

3. 진정한 행복과 성공

사람마다 인생의 행복과 성공을 바라보고 삽니다. 그런데 아브라함 가정처럼 믿음으로 살아서 하나님께서 주시는 복을 받아야 진정한 행복과 성공을 누릴 수 있습니다. 하나님께서 주신 것이 아니면 다 허무한 것입니다. 아브라함의 가정과 같은 가정을 이루려고 기도하고 애쓰기 바랍니다.

4. 복된 가정

팔 남매를 둔 부모가 있었습니다. '하나님을 믿는 백성은 기도로 하루를 시작해야 한다'라고 생각한 이들은 매일 새벽 자녀들을 깨워서 가정예배를 드린 후 또 교회에 나가서 새벽예배를 드렸습니다. 그리고 자녀들이 장로와 권사로 교회를 섬기게 해 달라고 기도했습니다.

그러던 어느 추운 겨울날 새벽기도를 드리기 위해 집을 나섰던 부모는 물에 흠뻑 젖어 되돌아왔습니다. 빙판길에 미끄러져 냇물에 빠졌던 것입니다. 옷에 고드름이 맺힐 정도로 추운 날씨였지만 이들은 몸도 녹이지 않은 채 옷만 갈아입고 다시 교회로 갔습니다. 자녀들의 가슴에 이런 부모의 모습이 깊이 각인되었습니다.

자녀들은 성장해 성인이 된 후에도 확고한 신앙적 가치관을 가지고 각 분야에서 인정받는 사람이 됐으며 부모의 기도 제목대로 모두 장로와 권사가 됐습니다. 자녀 가운데 한 명은 법무부 장관이 됐고 또 한 명은 국회의원이 됐습니다. 또 한 명은 미션스쿨의 교장이 됐고, 다른 두 명은 탄탄한 기업의 회장이 됐습니다.

이 이야기는 법무부 장관을 지낸 김승규 장로와 14, 15대 국회의원을 지내고 국가조찬기도회 부회장을 역임한 김명규 장로의 가족 이야기입니다. 이들 팔 남매는 가족에게 가장 소중한 것은 부모님으로부터 받은 신앙 교육이라고 말하곤 했습니다.

> 항상 큰 비전을 갖고 겸손한 마음으로 봉사하는 신앙인이 되어라. 남에게 유익을 주고 선을 베푸는 꿀벌 같은 인간이 되고 이웃과 교회와 사회에 덕을 끼쳐라.

이것이 이 가족의 전통으로 내려오는 가르침입니다. 이 가속은 이 기도의 힘으로 살아갔고 자손들도 그렇게 살기를 원합니다. 아브라함의 가정처럼 참 본받고 싶은 가정입니다.

이 세상에서 천국과 가장 닮은 것은 온 가족이 믿음으로 주님과 서로를 위해서 살고 있는 가정입니다. 이 세상에서 지옥과 가장 흡

사한 것은 부모가 서로 싸우며 자녀를 세상의 흐름에 쓸려 가게 내버려두는 가정입니다.

　이 세상의 기본을 가정으로 만든 것은 하나님의 지혜입니다. 가정이 있기에 개인, 나라, 세계가 있는 것입니다. 우리나라 모든 부모가 예수 그리스도를 믿어야만 우리나라는 도덕적으로나 영적으로 성숙해질 것입니다.

　그냥 믿는 것이 아니라 아브라함의 가족처럼 믿어야 합니다. 매일 주님을 닮아 가는 삶을 보여 주는 믿음이어야 합니다. 사회를 변화시키는 힘이 있는 믿음이어야 합니다. 이런 믿음을 가지기 쉽진 않으나, 아브라함의 가정처럼 하나님께서 도우시고 복 주시면 가능합니다. 이런 가정은 자라는 세대에게 주는 가장 귀한 선물입니다.

제9장

이삭의 부모 공경

[창세기 22:1-19]

이번 장의 성경 말씀은 지난 장과 같습니다. 같은 성경 말씀을 바탕으로 이번에는 '공경'을 주제로 살펴보고자 합니다. 하나님의 섭리로 볼 때 부모님은 어떤 분이신지, 부모님을 공경하는 것은 어떻게 하는 것인지, 부모님을 공경하면 어떤 복을 받는지를 알아보고 마음 깊이 새기기 바랍니다.

1. 하나님을 공경하여 이삭을 드린 아버지 아브라함

창세기 22장에서 아브라함과 사라가 하나님을 공경하는 삶을 자식에게 보여 줍니다. 아브라함이 아들 이삭한테 새벽 일찍 모리아의 한 산에 제사(예배)드리러 가자고 합니다. 현장에 도착해서 돌로 제단을 만듭니다. 그러더니 아들을 꼼짝 못 하게 묶어서 장작더미에 올려놓고 칼을 들어서 찌르려고 합니다. 그 순간 하나님께서 황급히 "아브라함아" 하고 부르시어 멈추게 하셨습니다. 하나님께서는 아브라함에게 감동하시고 세계적인, 영원한 복을 주셨습니다.

아브라함은 믿음의 조상입니다. 아브라함은 자신을 믿음의 조상으로 택해 주신 하나님을 굳게 믿고 산 사람이었습니다. 그러기에 힘과 뜻과 목숨을 다해서 하나님을 사랑하고 섬겼습니다. 그가 하나님을 공경한 태도는 십계명과 맞닿아 있습니다.

십계명은 하나님께서 우주와 세계와 각 나라와 인생들이 하나님의 뜻 안에서 복스럽고 온전하게 존재하게 하는 원칙으로 주셨습니다. 십계명의 1에서 4계명은 사람이 하나님께 지켜야 할 계명이고, 5에서 10계명은 사람이 사람에게 지켜야 할 계명입니다.

이 열 가지 계명은 마치 산에서 물이 아래로 흐르듯이 순차적으로 지키라고 주셨습니다. 맨 먼저 하나님을 공경해야 합니다. 그리고 부모님을 공경해야 합니다. 그다음으로 사람들과 좋은 관계를 맺어야 합니다. 하나님을 공경하면 부모님을 공경하는 사람이 되고, 하나님과 부모님을 공경하는 사람이 모든 사람과 관계 맺기도 잘할 수 있다는 하나님의 뜻이 십계명에 담겨 있습니다.

누군가가 하나님을 공경하는 것은 뒷전이고 부모님을 잘 공경하려고 한다면 그것은 내게 부모님을 주신 하나님께 배은망덕입니다. 하나님 공경, 부모님 공경은 뒷전으로 미루고 스승, 친구, 직장 상사나 부하, 동료, 연인, 거래처 등의 사람과 잘 지내려고 한다면 그는 하나님과 원수 되려는 사람입니다.

이 모든 것을 전인격적으로 깨닫고 인생의 순간순간을 살아간 사람이 이삭의 아버지 아브라함입니다. 아브라함에게는 십계명의 1에서 4계명대로 인생을 사는 것이 행복이고 목적이고 힘이며 소중했습니다. 그 믿음으로 이삭을 번제물로 드리려 하였습니다. 생각해 보세요.

하나님께서 이삭을 번제물로 드리라고 말씀하셨을 때 아브라함이 말씀이 들리지 않은 것처럼 했다면, 모리아산으로 가기는 하는데 이삭이 아닌 양을 데리고 갔다면, 이삭을 데리고는 갔지만 차마 끈으로 묶지는 않았다면, 묶어서 단에 올렸지만 칼로 찌르려 하지는 않았다면 이삭에게 어떤 영적 감화가 있었을까요?

이삭이 무엇을 배웠을까요?

만일 그랬다면 이삭은 아버지 아브라함에게서 이런 것을 배웠을 것입니다.

'하나님 말씀이 들리지 않은 척할 수 있구나. 아들 대신 양으로 번제물을 바꾼 것처럼 어떤 말씀에는 임기응변할 수 있구나. 어떤 경우에는 차마 끈으로 묶지는 않은 것처럼 해도 된다. 묶어서 단에 올리더라도 칼로 찌르지는 않은 것처럼 하면 된다.'

그리고 죽는 날까지 이런 생각을 당연시하며 하나님께서 보시고 기뻐하실 수 없는 모습으로 살았을 것입니다. 물론, 그랬다면 우리가 창세기 22장을 하나님에 대한 공경의 귀감으로 삼을 일도 없었을 것입니다.

아브라함과 이삭 이야기를 새벽기도에 적용합니다. 예수님이 친히 실천하신 새벽기도니까 그 소중함과 복스러움은 말할 필요가 없습니다. 그런데 신앙으로 사는 부모 가운데서 새벽기도를 아예 생각도 안 하는 부모, 간혹 어쩌다가 하는 부모, 자신은 새벽마다 기도하면서 자식에게는 기도하자는 말을 통 안 하는 부모, 늘 깨어 기도하면서 자식에게도 깨어 기도하자고 호소하는 부모가 있습니다.

이 각각의 부모 아래서 자란 자식들은 자기 부모가 보여 준 그림 안에서 삽니다. 새벽기도에 대한 생각이 전혀 없는 부모를 보고 자란 사람은, 마치 유리 천장에 가로막힌 비커 안에서 키워진 벼룩이 천장 너머로 뛸 수 없다고 생각하는 것처럼 새벽기도를 못한다는 생각으로 일생 살아가는 경우가 많습니다. 이런 양상이 주일 성수, 십일조, 전도, 언어생활 등에서도 거의 동일하게 나타납니다.

아브라함과 사라는 아들을 번제물로 드릴 만큼 하나님을 공경하는 삶을 이삭에게 보여 주는 인생 여정을 마쳤습니다. 그러므로 아브라함과 사라는 가장 위대한 스승이었습니다. 그 가정은 가장 소중한 커리큘럼으로 가르치는 캠퍼스였습니다. 그 두 사람은 인류 역사가 그치는 순간까지 모든 부모를 가르치는 스승이고 교수입니다.

2. 하나님 공경 안에서 아버지를 공경한 아들 이삭

아브라함 부부의 하나님에 대한 공경만큼 아주 중요한 다른 한 가지는 바로 아들 이삭의 공경과 순종입니다. 이삭은 자신이 모리아산에서 번제물로 드려질 뻔한 그날에, 집을 출발해서부터 하나님께서 그의 아버지 아브라함을 황급히 말리는 그 순간까지 거역하는 모습이 전혀 없었습니다.

이삭은 아버지 아브라함과 함께 새벽 일찍 모리아의 한 산으로 제사(예배)드리러 갔습니다. 가면서 이렇게 생각했습니다.

'왜 제물이 없지?'

현장에 도착해서 아버지 아브라함이 돌을 쌓아 제단을 만들고, 장작을 쌓았습니다. 그러더니 이삭을 끈으로 결박하여서 제단 장작더미에 올려놓고 칼을 들어서 찌르려고 합니다. 그때 '아, 아버지가 나를 제물로 드리려고 하는구나'라고 생각했을 것입니다.

세상에 어떤 사람이 아버지가 자기를 칼로 찌르고 불에 태워서 섬기는 신에게 제물로 드린다는데 가만히 있겠습니까?

그런데 이삭은 가만히 있었습니다. 마치 자기 도리를 하듯이 잠잠했습니다.

이삭의 입장에서는 이것이 제사라기보다는 '아버지가 아들인 나를 죽이려고 하는 것'입니다. 그런데 반항하지 않았습니다. 왜냐고 따지지 않았습니다. 불편한 기색이 없었습니다. 왜 그렇게 가만히 있었는지 생각해 봅니다.

이삭은 바보였을까요?

자기 보호 본능이 없었을까요?

아닙니다. 이삭이 가만히 있었던 이유는 부모를 공경했기 때문입니다. 이삭은 자기 부모를 하나님께서 은혜로 주신 귀한 분으로 여겼습니다. 그 믿음은 아버지 아브라함을 통해서 하나님께서 주신 은혜의 선물이었습니다. 아브라함의 믿음과 이삭의 믿음은 하나였습니다.

이삭은 하나님을 공경하기에 자기 부모를 공경했습니다. 그에게 부모 공경은 하나님의 뜻이고, 복 주심을 받는 통로입니다. 이삭은 그의 부모가 믿음으로 사는 것을 보면서 이렇게 생각했을 것입니다.

'우리 부모님은 하나님 뜻대로 사는 분들이구나. 보통 부모님은 할 수 없는 일도 우리 부모님은 하시는구나. 하나님을 정말 사랑하고 믿으시니까 이렇게 아들까지도 번제물로 드리시는구나. 하나님 뜻대로 산다는 건 믿음이 없으면 꿈도 꿀 수 없는 일을 당연하게 하는 것이구나. 그렇다면 내 아버지가 하나님께 순종해서 아들을 드리듯이 나도 나 자신을 기쁘게 드려야겠다.'

이삭은 그의 부모처럼 하나님을 향한 믿음으로 사는 것이 인생에서 금처럼 가장 귀한 것임을 믿었습니다. 그의 부모처럼 하나님 위주, 하나님을 향한 믿음 위주, 하나님께서 기뻐하시는 일 위주로 살았습니다. 하나님께서 "OK" 하시면 그거야말로 OK라고 믿었습니다. '하나님의 뜻'대로 되면 그것이 바로 '나의 형통'이라고 믿었습니다. 이기적으로 자기 위주로 사는 것이 기쁨인 사람보다 훨씬 더 기쁘고 만족하고 신나는 인생을 살았습니다. 그랬기에 세상 사람들의 행복 기준으로부터 자유한 이가 되었습니다.

세상의 기준으로부터 자유하다는 것은 요즘으로 말하면 서울 같은 대도시나 선진국에 살지 않아도 그만이고, 떼부자 아니어도 괜찮다고 여기는 것입니다. 믿음의 조상, 믿음의 박사, 믿음의 달인이라는 말을 들을 정도로 하나님을 향한 믿음만 있으면 된다는 것입니다.

이삭은 이렇게 믿음으로 하나님을 공경했고 부모님을 공경했습니다.

3. 공경의 복을 받고 누린 아버지와 아들

돈 많이 갖고 쓰는 게 복이라고 믿고 온갖 범법을 일삼다가 쇠고랑을 차고 자리에서 물러나는 이들이 많습니다. 그렇지만 하나님의 복은 다릅니다.

> 내가 네게 큰 복을 주고 네 씨가 크게 번성하여 하늘의 별과 같고 바닷가의 모래와 같게 하리니 네 씨가 그 대적의 성문을 차지하리라 또 네 씨로 말미암아 천하 만민이 복을 받으리니(창 22:17-18).

이 복은 아들을 바친 아브라함에게 하나님께서 주신 복입니다. 그와 동시에 아들을 드리는 아버지를 공경한 이삭에게 하나님께서 주신 복이기도 합니다.

하늘 나는 것은 불가능하지만, 비행기 요금만 있으면 그것이 당연한 일입니다. '아들인 나를 제물로 드리는 아버지처럼 믿음의 하늘을 나는 삶'이 하나님의 은혜를 믿지 않는 이에게는 있을 수 없는 일이지만 은혜를 믿고 살아가는 이에게는 당연하고 하고 싶은 일입니다. 이삭은 평생 동안 이 복을 가지고 살아갔습니다.

　복의 근원이신 하나님께서, 하나님을 공경함으로 부모님을 공경한 이삭이 옳았다고 인정하시고 칭찬하시고 복 주시며 이렇게 말씀하셨습니다.

> 나는 네 아버지 아브라함의 하나님이니 두려워하지 말라 내 종 아브라함을 위하여 내가 너와 함께 있어 네게 복을 주어 네 자손이 번성하게 하리라(창 26:24).

이처럼 하나님께서는 이삭에게 평생, 영원히 복을 주셨습니다.

성령으로 사는 행복한 사람

[로마서 8:1-17]

2천 년 전 성령님이 오셔서 충만히 역사하심으로 믿는 사람이 변화되어 능력 있게 복음을 전하게 되고, 교회가 탄생하였습니다. 예수님을 믿는 사람은 성령님이 생생한 믿음생활을 할 수 있게 도와주십니다. 로마서 8장에서는 성령님 안에서 참으로 행복하게 사는 은혜를 볼 수 있습니다.

1. 해방의 기쁨을 주시는 성령님

> 이는 그리스도 예수 안에 있는 생명의 성령의 법이 죄와 사망의 법에서 너를 해방하였음이라(롬 8:2).

예수님을 믿고 받는 구원은 해방입니다. 예수 그리스도를 나의 구주로 믿는 사람은 예수님의 십자가 보혈의 은혜로 죄 용서를 받습니다. 그것은 곧 죄악의 추악함이 흰 눈처럼 깨끗하게 씻긴 것입니다. 그것은 죄를 지었기에 받을 모든 형벌을 받지 않게 해 주신 것입니다. 그것은 나와 하나님의 관계가 꺼림직한 것이 없는 화목한 관계가 되는 것입니다.

성령님은 십자가 은혜로 죄에서 해방되었다는 것이 교리와 생각에서 그치는 것이 아니라 생생한 실제 삶이 되게 해 주십니다. 마치 세계대전이 그친 지 수십 년이 지났는데도 그 사실을 모르고 밀림 속에서 숨어 살던 이가 어느 사람에게서 무서운 전쟁이 그쳤다는 말을 들은 순간부터 전쟁의 공포에서 벗어나 행복한 사람이 되었다는 이야기와 같습니다. 성령님은 공포의 전쟁이 그친 것을 말해 준 바로 그 사람과 같은 분이십니다.

성령님은 예수님을 믿는 내가 십자가 보혈의 은혜로 죄 용서를 받은 것, 나의 더러운 죄악이 흰 눈처럼 깨끗하게 씻긴 것, 내가 받을 모든 형벌을 받지 않게 해 주신 은혜, 나와 하나님의 관계가 꺼림직함이 없는 화목한 관계로 변화된 것을 생생하게 누리며 살게 해 주는 분이십니다.

성령으로 사는 사람은 어떤 사람인지 살펴보겠습니다.

2. 성령님을 따라 사는 사람

> 육신을 따르지 않고 그 영을 따라 행하는 우리에게 율법의 요구가 이루어지게 하려 하심이니라(롬 8:4).

육신을 따르지 않는 생활은, 하나님께서 하지 말라고 하신 것은 하지 않는 생활입니다. 성령님 안에서 행복한 사람은 하나님을 따르는 사람입니다. 마귀를 따라서 살지 않는 사람입니다.

욕심대로 되고 즐겁다고 해도 그 일이 하나님의 뜻이 아니면 하지 않는 것이 육신을 따르지 않는 삶입니다. 성령님으로 행복한 사람은 그런 삶을 사는 사람입니다. 마치 운전하는 사람이 불법 운전하고 싶은 마음이 막 생겨도 안전 운행을 위해서 하지 않는 것과 같습니다.

"생각하며 살지 않으면 사는 대로 생각한다"라는 말이 있습니다. 생각하지 않고 살면 자칫 사람이 짐승처럼 본능대로 살게 됩니다. 무엇을 생각하며 사느냐에 따라서 그 생각과 같은 사람이 됩니다. 예수님을 믿는 사람은 성령님이 시키시는 대로 생각합니다.

> 육신을 따르는 자는 육신의 일을, 영을 따르는 자는 영의 일을 생각하나니(롬 8:5).

육신을 따르는 사람이란 자기 욕심을 위해서 사는 사람인데, 그런 사람은 욕심을 채우려는 생각을 주로 합니다. 반면에 영을 따르는 사람은 하나님을 사랑하는 사람인데, 그런 사람은 하나님을 기쁘시게 하는 생각을 주로 합니다. 그런데 하나님께서는 자기 욕심 위주의 생각은 결국에 사망이 되고, 성령님을 따라서 하는 생각은 생명과 평안을 가져다 준다고 하십니다(롬 8:6). 그 평안으로 사는 사람이 성령님을 따라 사는 사람입니다.

3. 성령님을 내 안에 모신 사람

"저의 집에 모시겠습니다" 하고 사람을 모시는 경우가 있습니다. 나와 친밀한 사람에게 그렇게 합니다. 예수님을 믿는 생활은 그처럼 성령님을 내 안에 모시고 사는 것입니다.

> 만일 너희 속에 하나님의 영이 거하시면 너희가 육신에 있지 아니하고 영에 있나니 누구든지 그리스도의 영이 없으면 그리스도의 사람이 아니라(롬 8:9).

하나님의 영, 즉 성령님을 집에 손님 모시듯이 내 안에 모시고 사는 생활을 하는 사람이 진정한 하나님의 사람, 그리스도인입니다.

4. 몸의 행실을 죽이는 사람

> 그러므로 형제들아 우리가 빚진 자로되 육신에게 져서 육신대로 살 것이 아니니라 너희가 육신대로 살면 반드시 죽을 것이로되 영으로써 몸의 행실을 죽이면 살리니(롬 8:12-13).

하나님을 믿기에 속에서 하나님의 말씀대로 살려고 하는 마음과 하나님 뜻대로 살기를 싫어하는 두 마음이 싸웁니다. 믿음이 아예 없거나, 아주 미지근하게 신앙생활을 하는 사람에게는 두 마음의 싸움이 없습니다. 또 아주 온전히 성령님이 이끄시는 대로 사는 사람에게도 두 마음의 싸움이 없습니다. 우리는 성령님을 따라서 온전히 살기에 두 마음의 싸움이 없는 신자가 되어야 합니다.

농사에서 곡식이나 채소가 왕성하게 자라면 잡초가 자라지를 못합니다. 그처럼 우리가 성령 충만한 삶을 살면 죄, 사탄, 정욕이 맥을 못 춥니다. 죽습니다.

몰간이라는 사람에게 누군가가 "영국 수도 런던과 성령 충만한 것 중에 하나를 택하라고 하면 무엇을 택할 것입니까?"라고 물으니까 그가 지체하지 않고 성령 충만이라고 답했다고 합니다. 신앙생활에서 성령 충만이 얼마나 소중한지를 일깨우는 답입니다.

기도하는 집에서

[마가복음 11:15-19]

　천안에 호두가 많은 것을 이용해 천안호두과자를 최초로 만든 이는 천안 성심교회 심복순 권사님입니다. 이것이 히트해서 천안을 비롯한 전국으로, 세계 각국으로 퍼졌습니다. 심 권사님은 이 모두를 하나님이 번창케 하여 주신 것으로 믿고, 서원기도를 드렸습니다.
　"하나님, 저는 하나님과 함께하는 동업자입니다. 제가 버는 돈의 절반은 하나님의 것으로 믿고 하나님을 위해 사용하겠습니다."
　심 권사님은 호두과자 봉지에 "주 예수를 믿으라"(행 16:31)라는 성경 말씀을 인쇄하여 전도했습니다. 그리고 지금까지 예배당을 일곱 개나 지어 바쳤습니다. "평생 혼자 힘으로 예배당 일곱 개만 짓게 해 주세요"라고 드린 기도를 하나님께서 응답해 주셨습니다.
　권사님은 교회를 기도하는 집으로 확신하였습니다.

1. 엄청 화를 내신 예수님

　예수님은 성전을 제물로 쓰일 동물을 사고파는 데로 만드는 사람들을 보시고 화를 막 내셨습니다. 이 일을 마태, 마가, 누가, 요한이 복음서에 다 적있습니다. 마태는 이렇게 기록했습니다.

> 예수께서 성전에 들어가사 성전 안에서 매매하는 모든 사람들을 내쫓으시며 돈 바꾸는 사람들의 상과 비둘기 파는 사람들의 의자를 둘러 엎으시고(마 21:12).

예수님은 사람들을 내쫓으셨고, 심지어 그들이 쓰는 상과 의자를 둘러엎으셨다고 합니다.
누가는 이 일에 대하여 이렇게 썼습니다.

> 성전에 들어가사 장사하는 자들을 내쫓으시며(눅 19:45).

예수님이 보시기에 그들은 성전을 장사하는 데로 만드는 사람들이기에 내쫓으셨다고 합니다.
요한은 이렇게 기록했습니다.

> 성전 안에서 소와 양과 비둘기 파는 사람들과 돈 바꾸는 사람들이 앉아 있는 것을 보시고 노끈으로 채찍을 만드사 양이나 소를 다 성전에서 내쫓으시고 돈 바꾸는 사람들의 돈을 쏟으시며 상을 엎으시고 비둘기 파는 사람들에게 이르시되 이것을 여기서 가져가라 내 아버지의 집으로 장사하는 집을 만들지 말라 하시니(요 2:14-16).

예수님이 노끈으로 채찍을 만드시고 휘둘러 양과 소를 다 성전에서 내쫓으셨으며 상을 뒤엎기까지 하셨다고 합니다. 주님이 정말 과격하십니다.
마가는 이렇게 기록했습니다.

> 예수께서 성전에 들어가사 성전 안에서 매매하는 자들을 내쫓으시며 돈 바꾸는 자들의 상과 비둘기 파는 자들의 의자를 둘러엎으시며 아무나 물건을 가지고 성전 안으로 지나다님을 허락하지 아니하시고(막 11:15-16).

예수님이 성전에서 매매하는 이들을 내쫓으시고, 돈을 바꾸는 상과 그들이 앉는 의자를 둘러엎으셨다고 합니다. 그 누구도 그런 물건을 가지고 성전으로 가는 것을 허락하지 않으셨다고 합니다.
예수님이 화를 내신 정도와 표현이 아주 과격하십니다. "나는 온유하고 겸손하다"라고 말씀하신 분이 맞나 하는 생각이 들 정도입니다. 그분이 왜 그렇게 하셨는지 생각해 봅니다.

자제력이 부족하셨기 때문인가요?
성격이 모나신 것인가요?
상황 판단을 잘못하셨나요?
과민한 분이신가요?

아닙니다. 사람들은 누가 화를 내면 왜 화를 냈는지보다는 어떻게 화를 냈는지를 문제 삼는 경우가 종종 있습니다. 범죄자를 잡았는데 잡는 방법과 과정이 잘못되었다고 딴지를 거는 것과 같습니다. 수업 시간 내내 엎드려 잠자고, 스마트폰 보고, 다른 학생을 괴롭히는 애가 있다고 합시다. 그래서 선생님이 그러지 말라고 꾸지람하면, 그 아이의 부모가 득달같이 와서 왜 우리 아이에게 화내고 참견하느냐며 따지는 일이 그러한 예입니다. 우리가 예수님이 격노하신 사건에 대해 읽으면서도 그럴 수 있습니다.

예수님이 역정 내시는 것을 본 대제사장과 서기관들이 예수님을 어떻게 죽일까 하고 사악한 궁리를 했습니다(막 11:18). 대제사장과 서기관들과 백성의 지도자들은 그런 예수님을 죽이고 싶어했습니다(눅 19:47). 하지만, 백성이 예수님을 좋아하기에 일단 기회만 노렸습니다.

대제사장과 서기관들은 예수님의 아버지이신 하나님을 믿는 것이 전공이라고 할 이들입니다.

그런데 정작 그 하나님의 아드님과 왜 그다지도 어긋났던 것일까요?

그들이 중요하다고 여기는 일로 더 소중한 하나님의 뜻을 막는 사람들이었기 때문입니다.

2. 중요한 일로 더 중요한 일을 막는 죄를 짓는 사람들

예루살렘 성전이 시장이 된 것을 예수님이 보셨습니다. 구약 시대에는 제사(예배)를 드릴 때 꼭 제물을 드렸습니다. 제사 때마다 제물을 가져오는 일은 무척 번거롭습니다. 집과 성전 거리가 멀면 더 그랬습니다. 그래서 '성전에서 제물 짐승을 팔면 사람들이 좋아하겠다!' 하고 장사를 시작한 이들이 있었는데, 예수님 당시에는 '세상에! 이게 성전이냐, 시장이냐?' 할 정도가 되었습니다.

그런데 당시 이스라엘 사람들은 그렇게 시장 같은 성전을 당연시하였습니다.

왜 그랬을까요?

- 제사드릴 때 제물 준비는 해야 하기 때문.
- 제물 짐승을 가져오는 어려움을 덜어 주면 사람들이 좋아한다는 편리주의.
- 제물 동물 매매로 돈을 버는 사람들과 그들에게 돈을 받는 사람들로 이루어진 한통속이 된 세력.
- 그렇게 오래 하다 보니 전통이 된 것.

이런 이유로 당시 이스라엘 사회는 성전의 시장을 의심의 여지 없이 중요한 것으로 여겼습니다. 감히 그것을 문제 삼으면 안 되는 분위기였습니다.

그런데 그 중요한 것이, 더 중요한 하나님께서 원하시는 예배에 대한 마음, 어떤 불편도 감수하는 예배에 대한 정성, 돈 욕심도 하찮게 여길 정도로 믿음으로 살고 싶은 열정, '어떻게 하면 모리아산에서 이삭을 드린 아브라함처럼 예배할 수 있을까' 하는 예배에 대한 소원을 가리게 되었습니다. 그들은 그들이 소중하게 여기는 것들로 스스로를 가두고, 사람들을 가두었습니다. 하나님의 기뻐하심과 뜻을 보지 못할 뿐 아니라 보기 싫어하는 자들이 되었고, 결국에는 예수님을 격노하시게 하였습니다.

문제는 거기서 그치지 않았습니다. 예수님 당시 그 많은 사람이 있었지만 아무도 그것이 하나님의 뜻이 아니라고 소리쳐 화내지 않았습니다. 그 일에 대하여 한탄하는 사람, "이러지 맙시다" 하는 사람, 눈물을 흘리는 사람, 사람들 눈 밖에 나도 "나는 하나님 편에 서서 하나님의 뜻을 외친다!" 하는 사람이 한 명도 없었습니다. 예배의 대상이신 예수님이 직접 나서야 할 정도로 말입니다.

그래서 예수님이 극노하셨습니다. 이 내용을 거울삼아 지금 내 신앙을 점검해 보아야 합니다.

3. 기도의 집을 강도의 소굴로 만드는 사람들

> 내 집은 만민이 기도하는 집이라 칭함을 받으리라고 하지 아니하였느냐 너희는 강도의 소굴을 만들었도다(막 11:17).

기도의 집인 성전을 짐승 매매장으로 만든 자들에게 하신 예수님의 말씀입니다. 매매는 인간 사회에 꼭 필요한 일입니다. 그렇지만 매매를 돈벌이로만 여겨서, 기도의 집까지 돈벌이하는 곳으로 만든 것은 강도질 같다고 예수님이 말씀하셨습니다. "내 집은 만민이 기도하는 집이라"라는 말씀은 그만큼 기도가 귀중하다고 하신 말씀입니다.

기도가 무엇인가요?

기도는 주님이 예배의 마음을 주시는 통로입니다. 기도는 하나님께서 가장 소중히 여기시는 것입니다. 기도는 하나님과의 인격적 만남이고 대화입니다. 신앙인이 하나님의 은혜와 권능을 꿀맛 보듯 느낄 수 있게 하는 것입니다. 기도는 하나님 아버지의 마음과 나의 마음이 통하는 유일한 채널입니다. 하나님 나라의 모든 것을 체험할 수 있게 하는 것입니다. 기도하면 할수록 세상의 악과는 멀어지는 사람이 되고 선한 생활을 하게 됩니다.

이러한 기도를 항상 드리고 강력한 은혜와 힘을 받는 기도의 집이 교회입니다. 지금 우리 그리고 나에게 가장 시급한 것은 교회에서 하는 기도입니다.

제12장
고귀한 인생을 이루는 믿음

[마가복음 9:14-29]

1. 안타까운 처지

귀신 들린 자식을 둔 아버지가 있었습니다. 귀신이 아이 속을 뒤집어 놓으면 그 아이는 물이고 불이고 마구 뛰어들었습니다. 아찔아찔하고 가슴이 쿵쾅거렸습니다. 그런데도 도움을 주는 이가 없었습니다. 그 아버지가 예수님 소문을 듣고 달려왔습니다. 마침 예수님이 안 계셔서 제자들 몇 명에게 도와 달라고 했지만 전혀 도움을 받지 못했습니다. 성경에 나오는 이 이야기를 살펴보면, 아이와 아버지와 제자들 모두 안타깝습니다. 믿음이 없기 때문입니다.

2. 하실 수 있으면

그러다가 귀신 들린 아이의 아버지가 산에서 내려오신 예수님을 만났습니다. 그 아이 아버지에게 제자들 얘기를 들으신 예수님이 말씀하십니다.

> 믿음이 없는 세대여 내가 얼마나 너희와 함께 있으며 얼마나 너희에게 참으리요 그를 내게로 데려오라(막 9:19).

아이를 예수님에게로 데리고 오자마자, 예수님을 보고 두려워서 발악하는 귀신 때문에 그 아이가 심한 경련을 하며 땅에 엎드러져

구르며 거품을 흘렸습니다. 예수님은 그 아버지에게 아이가 언제부터 이랬느냐고 물으셨습니다. 그 아버지가 이렇게 대답했습니다.

> 어릴 때부터니이다 귀신이 그를 죽이려고 불과 물에 자주 던졌나이다 그러나 무엇을 하실 수 있거든 우리를 불쌍히 여기사 도와주옵소서 (막 9:21-22).

그 아이 아버지가 "무엇을 하실 수 있거든"이라고 말했는데 이것은 무슨 뜻인가요?

"예수님, 좀 도와주세요"라는 말이기는 하지만, 아이를 고치려고 했던 수많은 노력과 시도가 실패로 돌아간 것이 가슴에 남아서 '안 될 거야!' 하는 심정으로 한 말입니다. 예수님도 제자들처럼 못할 수 있다는 생각으로 한 말입니다. 예수님이 하나님이신 것과 하나님의 아드님이신 것을 모르고 또 믿지 않아서 한 말입니다. 절박한 상황에서 한 말이라고는 하지만 의심으로 한 말입니다.

큰일 중에 가장 큰 나쁜 일은 예수님을 믿지 않는 것입니다. 믿는 우리도 이 아버지처럼 '아마 내 처지가 되면 다 나처럼 할걸' 하며 의심하는 말을 할 수 있습니다.

3. 할 수 있거든이 무슨 말이냐?

> 할 수 있거든이 무슨 말이냐(막 9:23).

이 말씀은 "하실 수 있거든 좀 도와주세요"라는 말을 들으신 예수님이 하신 것입니다. 답답하고 안타까워서 하신 말씀입니다.

내 자식이 부모인 나의 능력을 자꾸 의심하는 투로 "하실 수 있으면 해 주세요" 하면 부모는 서운합니다. 더 그러면 화도 날 수 있습니다. 다른 애라면 몰라도 내 자식이 내 능력을 너무 안 믿으면 부모는 서운하고 화가 납니다. 우주를 창조하신 예수님에게 아이 아버지가 한 말은 그런 말입니다.

예수님은 가진 돈이 적다고, 학력이 낮다고, 능력이 적다고, 자격증이 없다고, 외모가 못하다고 탓하지 않으십니다. 그렇지만 예수님을 의심하는 생각, 말, 표정, 행동과 일은 "왜 그러느냐"라고 짚어서 말씀하십니다.

귀신 들린 아이의 아버지는 예수님을 사람과 비슷한 존재로 여겨서 "뭐 좀 하실 수 있거든 해 주세요"라고 했습니다. 우리도 입으로는 믿는다면서 마음으로는 믿지 않아서 이런 말과 행동을 할 수 있습니다. 믿음 없는 언행을 바꾸는 우리가 되기를 주님은 원하십니다.

4. 믿는 자는 능히 하지 못할 일이 없느니라

"할 수 있거든이 무슨 말이냐"라고 하신 예수님은 이어서 "믿는 자는 능히 하지 못할 일이 없느니라"(막 9:23)라고 하셨습니다. 예수님은 하나님 아버지와 함께 우주 만물을 창조하신 권능이 있으십니다. 그 권능을 믿고 죄악을 회개하고 구하면 뭐든지 이루어 주십니다.

믿음으로 도움을 구하면 이루어 주십니다. 성경 곳곳에 오직 의인은 믿음으로 말미암아 살리라는 말씀이 나옵니다(합 2:4; 롬 1:16-17; 갈 3:11; 히 10:38). 사람들은 돈, 머리, 수단, 방법으로 살아도 하나님의 사람은 믿음으로 삽니다. 세상적으로 사는 사람은 영원히 살지 못해도 믿음으로 사는 사람은 영원히 삽니다.

예수님은 또한 "네 믿음이 너를 구원하였느니라"(눅 17:19)라고 말씀하셨습니다. 이 말씀은 나병 환자 열 명을 고쳐 주신 후에, 다른 이들은 다 그냥 가 버렸지만 예수님에게 돌아와서 엎드려 감사한 한 사람에게 하신 것입니다. 믿음이 없는 사람은 벌레 문질러 버리듯이 받은 은혜에 대한 생각을 문질러 버리지만, 믿는 사람은 놀랍게도 꼭 영혼이 담긴 감사를 하는 공통점이 있습니다.

이스라엘 중 아무에게서도 이만한 믿음을 보지 못하였노라(마 8:10).

이 말씀은 어느 로마 장교가 예수님에게 "주님을 제 집에 모실 자격이 없습니다. 지금 명하시면 제 부하를 죽이는 더러운 병이 도망칠 것입니다"라고 하니까 예수님이 그를 극찬하신 말씀입니다. 예수님은 그의 부하의 생명을 죽여 가는 병을 멸하여 주셨습니다.

죄의 욕심을 버리고 구하면 주님이 이루어 주십니다.

욕심이 잉태한즉 죄를 낳고 죄가 장성한즉 사망을 낳느니라(약 1:15).

주님은 우리가 욕심으로 구하면 거절하십니다. 하지만, 진정으로 회개하면 도와주십니다. 우리는 자기가 하고 싶은 것은 수단, 방법, 정도를 가리지 않고 하려 하고, 결국 해 버립니다. 그러면서도 주님 뜻대로 사는 것이나 하나님의 일은 이 핑계 저 핑계를 대고 하지 않고, '이건 누구도 못할 거야. 난 할 만큼 했다'라며 하기를 거부합니다.

5. 하나님을 믿으므로 죄를 버리고 기도하면

하나님을 믿으므로 죄를 버리고 기도하면 하나님께서 반드시 이런 것들을 이루어 주십니다.

- 전도하게 해 주십니다. 바울처럼 능력으로 전도하게 해 주십니다.
- 기도하게 해 주십니다. 에스더, 다윗 같은 기도의 사람이 되게 해 주십니다.
- 순종하게 해 주십니다. 노아, 아브라함, 마리아처럼 순종하게 해 주십니다.
- 감사하게 해 주십니다. 다 사라져도 감사한 욥처럼 되게 해 주십니다.
- 천국에 들어가게 해 주십니다. 내 집처럼 들어가게 하여 주십니다.

- 건강하고 부요하게 해 주십시오. 요셉처럼 형통하게 해 주십시오.
- 용서할 수 있게 해 주십시오. 주님처럼 나도 용서할 수 있게 하십시오.
- 인생의 새출발을 하게 해 주십시오. 용서받은 탕자처럼 되게 하십시오.
- 형통하게 해 주십시오. 직장, 사업, 공부, 인간관계, 건강이 형통케 해 주시고 가족이 화목하게 해 주십시오.
- 마리아처럼 드릴 수 있게 해 주십시오. 옥합도 깨뜨리게 해 주십시오.
- 좋은 영향을 주는 자가 되게 해 주십시오. 시원스러운 신앙인이 되게 해 주십시오.

설교자 스펄전과 부인은 여러 가지 질병을 앓았습니다. 늘 병석에 누워 있는 아내를 돌보면서 살아가는 스펄전을 두고 사람들은 모두 부인이 먼저 천국에 갈 것으로 여겼습니다. 그러나 스펄전이 아직 오십 대 초반의 나이에 먼저 세상을 뜨게 되었습니다. 그가 사랑하는 아내의 손을 잡고 한 말은 우리의 심금을 울립니다.

"여보, 나는 좋으신 하나님과 함께 그토록 행복한 세월을 보냈다오!"

평생을 하나님을 섬기다 하늘나라로 간, 하나님의 사람의 말입니다. 그의 유언은 바로 선하신 주님의 뜻을 고스란히 자신이 사는 목적으로 받아들인 사람의 최후가 얼마나 고귀하고 향기롭고 아름다운지를 보여 줍니다. 그는 무엇으로도 이룰 수 없는, 가장 고귀하고 향기롭고 아름다운 인생을, 신앙인 누구나 원하는 인생을 믿음으로 이루었습니다.

제13장

옷 갈아입어라

[로마서 13:11-14]

우리 인생에서 옷만큼 차지하는 비중이 크고 중요한 것이 별로 없습니다. 전통 시장이나 마트, 백화점에서 옷 판매장이 점포 대부분을 차지합니다. 가격도 천차만별입니다. 비싼 옷은 손을 대기가 무서울 정도로 비쌉니다. 그런데 이런 옷에 비유하여 예수님은 옷을 갈아입으라고 말씀하셨습니다(롬 13:12).

1. 자다가 깰 때

> 또한 너희가 이 시기를 알거니와 자다가 깰 때가 벌써 되었으니 이는 이제 우리의 구원이 처음 믿을 때보다 가까웠음이라(롬 13:11).

여기에서 '자다가 깰 때'는 예수 그리스도를 믿기 전과 믿은 후를 구분해서 하신 말씀입니다. 예수님을 믿기 전에 살아온 시간을 '잘 때'라고 하시고, 예수님을 믿기 시작한 사람의 인생은 '밤 지나고 온 새벽'이라고 하신 것입니다.

예수 그리스도 안에서 구원받은 사람에게 이 세상은 죄와 사탄의 궤계, 전쟁, 사고, 생태계 파괴, 가난, 유혹과 미혹, 질병, 다툼, 취업난은 물론이고 사람들이 이기적이고 자기 위주로 하는 욕설, 거짓, 사기, 시기, 냉대 등이 그치지를 않는 곳입니다. 이런 현실을 사는 성도는 천국에 가서 살 준비를 해야만 합니다.

천국에 갈 준비를 하며 산다는 것은 어떻게 사는 것일까요?

2. 벗고 입을 때

옷 입는 감각이 뛰어난 사람은 사람들에게 좋은 말을 많이 듣습니다. 아래의 말씀은 예수님 믿고 구원받은 자들을 향한 말씀입니다.

> 밤이 깊고 낮이 가까웠으니 그러므로 우리가 어둠의 일을 벗고 빛의 갑옷을 입자(롬 13:12).

이어지는 13절 말씀을 보면 방탕함, 술 취함, 음란함, 호색함, 다툼, 시기함은 예수님을 믿는 사람이 벗어 버릴 옷이니 벗고 빛의 갑옷을 입으라고 하십니다.

빛의 갑옷 같은 삶은 하나님 안에서 하나님 뜻대로 사는 삶입니다. 우리 몸은 호흡을 통해 나쁜 것은 배출하고 맑은 공기를 들이마심으로 생명을 이어 갑니다. 성도가 어둠의 일을 벗고 빛의 갑옷을 입는 것은 영적 생명을 살리는 것입니다. 오래 입은 옷, 더러운 옷을 벗고 새 옷을 입으면 기분이 상쾌해집니다.

어둠의 옷을 벗고 빛의 옷을 입으면 다음과 같은 것을 맛보게 됩니다.

- 해방감: 노예로 살게 하는 죄로 인한 저주의 쇠고랑이 사라집니다.
- 기쁨: 노예에게 발의 쇠고랑이 깨지는 것은 최고의 기쁨입니다.
- 새출발: "이제부터 노예 아닌 삶을 산다!" 하고 선언하게 됩니다.

주님의 나라 밖에서 입던 옷을 벗고 예수 그리스도를 입으면 상쾌한 인생을 살고 늘 기쁨을 맛봅니다.

3. 예수 그리스도를 옷 입어라

> 오직 주 예수 그리스도로 옷 입고 정욕을 위하여 육신의 일을 도모하지 말라(롬 13:14).

오직 주 예수 그리스도로 옷 입으라는 말씀은 예수님을 닮으라는 말씀입니다.

예수님처럼 생각하고, 예수님의 마음을 품어라!
예수 그리스도의 영성과 인성과 성품을 가져라!
예수님처럼 언어생활을 하라!
예수님처럼 얼굴 표정을 하라!
예수 그리스도처럼 행동하고 살아라!
예수 그리스도처럼 하기를 지속해라!

결국 이 말씀은 예수님이 하신 언행과 심사 전부가 나에게 잘 맞는 옷을 입은 것처럼 되도록 하라는 말씀입니다.
오직 주 예수 그리스도로 옷 입은 사람은 정욕을 위하여 육신의 일을 도모하지 말아야 합니다. 정욕은 각 사람에게 있는 여러 가지 욕심입니다. 욕심은 사람을 죄의 종이 되게 합니다. 요리하는 불에다가 자꾸 물을 부으면 불은 꺼지고 요리를 하지 못합니다. 예수 그리스도처럼 살려 해도 육신의 정욕이 발동하면 믿음으로 살 수 없습니다.
예수님을 믿기 전에 입던 어둠의 옷은 벗고 예수님의 옷을 입고 사는 사람에게 복이 임합니다. 마치 밤이 지나면 광명의 아침이 오는 현상처럼 인생이 열립니다.
예수 그리스도를 옷 입고 사는 복에는 어떤 것이 있을까요?

첫째, 행복해집니다.
성 프란치스코는 예수님을 만난 뒤에 예수님이 십자가에서 못 박히실 때 생긴 못 자국을 자신도 갖게 해 달라고 늘 기도했습니다. 어느 날 그렇게 기도하는데 온몸이 뜨거워지고 손에 예수님의 못 자국이 생겼습니다. 하나님께서 그렇게 해 주신 것입니다. 그는 진정으로 만족했다고 합니다.
코로나19바이러스 감염증은 전 인류에게 천 년에 한 번 올 정도의 지독한 불행을 가져다주었습니다. 그와는 달리 예수님을 옷 입으면 가족, 친구, 동료, 친척 등에게 예수님을 믿는 행복이 감염, 즉 전해집니다. 그러면 가정, 교회, 일터, 동네, 가문에 예수님이 주시는 행복이 넘칩니다. 가정이 천국이 됩니다. 교회가 활성화되고, 초대교회처럼 됩니다. 이런 아름다운 일이 생겨납니다.

둘째, 전도가 됩니다.

전도는 주님이 주신 우리 신자 인생의 지상 최대명령입니다. 사람은 감동이 되면 움직입니다. 사람을 교회로, 하나님께로 움직이게 하려면 감동을 줘야 합니다.

사람은 내가 싫어서 안 하고 못 하는 것을 다른 사람이 하는 것을 보면 감동합니다. 예수님을 믿고 교회에 다니는 사람이 예수님 옷을 입고 살면 감동이 일어납니다. 예비 신자, 즉 불신자 속에 복음이신 예수님에게로 가고 싶은 감동이 일어납니다. 그러면 그분들의 발걸음이 하나님의 집으로 향하게 됩니다. 전도 안 된다고 걱정을 하는데, 진짜 걱정은 신자가 예수님 옷을 입지 않는 것입니다.

셋째, 하나님께서 기뻐하십니다.

사람의 영혼과 몸과 삶이 예수님을 닮는 것은 하나님께서 사람을 창조하시고 구원하신 목적입니다. 또 교회와 성도가 이 땅에서 존재하는 이유입니다. 하나님께서 우주와 사람을 지으시고 경영하시는 목적이 있으십니다. 그 목적대로 사는 사람을 보실 때 하나님은 기뻐하시고 복을 주십니다. 그 목적대로 하는 교회를 보실 때 하나님께서 기뻐하시고 큰 은혜를 주십니다.

성공하는 사람들의 특징은 나 아닌 다른 사람이 무엇을 하면 기쁜지를 늘 살피고, 일단 기쁨의 원인을 파악하면 그 사람에게 그것을 해 주려고 힘쓴다는 것입니다. 하나님의 복 주심을 받는 사람들의 특징은 하나님께서 무엇을 하면 기뻐하시는지를 늘 기도하며 살피고, 일단 그것이 무엇인지 깨달으면 하나님께 그것을 해 드리려고 힘쓴다는 것입니다.

하나님께서는 어둠의 옷을 벗고 예수 그리스도를 옷 입고 사는 사람에게 복 주십니다.

겸손한 사람의 길

[잠언 16:18-19]

일이 술술 풀리고 잘되면 자기가 잘나서 그런 줄 알고 교만해집니다. 하나님께서 특히 싫어하시는 것이 교만입니다.

1. 행복을 파괴하는 교만

교만은 백해무익하여 폭탄이나 핵무기처럼 개인과 공동체의 행복과 평화를 파괴합니다.

우리 인생의 모든 실패와 망함은 교만이 공통적인 원인, 최우선적인 원인입니다. 교만에서는 다툼만 일어날 뿐이고(잠 13:10) 교만은 패망의 선봉이요 넘어짐의 앞잡이며(잠 16:18) 멸망의 선봉입니다(잠 18:12).

교만은 '자기만 옳은 줄로 여겨서, 남을 나보다 낫게 여기지 못하고 무시하는 것'입니다. 교만한 사람은 자신을 제일로 착각합니다. 매사에 상대를 무시하고 얕잡아 보며 가르치려 합니다.

심하면, 자신을 가르쳐 주고 이끌어 준 사람이나 연령상이나 질서상 윗사람으로 존중해야 할 분에게까지 그런 태도로 일관합니다. 윗사람이 어떤 권면이나 의견을 말해 주거나 잘못을 지적해 주면 이렇게 답합니다.

"뭘 모르고 저러시네!"

"그 정도는 나도 다 아는데!"

2. 교만해지는 이유

 첫째, 잘못된 것이 굳어진 틀 때문입니다.
 사람은 저마다의 양심, 주관, 지식으로 살면서 체험하는 것이 저마다 다릅니다. 자기만의 견해나 관점 중에는 잘못된 것도 있습니다. 그런데 이런 것이 오랜 시간에 걸쳐 굳어져 자신만의 '틀'이 형성됩니다. 그 틀로 볼 때는 자기가 항상 옳습니다.
 사람의 몸으로 치면 틀은 골격과 같아서 자기만의 모습을 만들 뿐아니라 일단 형성되면 깨지기가 쉽지 않습니다. 사람의 생각도 이런 틀에서 나옵니다.
 어떤 사람이 초등학교 시절, 선생님에게서 자유의 여신상이 미국 서부 샌프란시스코에 있다고 배웠다고 합니다. 그는 그 후 1990년대 초반에 미국을 방문했습니다. 그런데 뉴욕에 가니 자유의 여신상이 눈에 들어왔답니다. 샌프란시스코에 있어야 할 것이 왜 뉴욕에 있는지 처음에는 이해가 되지 않아서, 주변에 물어보니 자유의 여신상은 원래 뉴욕에 있었다는 것입니다. 어려서부터 철석같이 믿고 있던 것이 틀렸다는 것을 안 순간 '내가 확신하는 것이 틀릴 수 있구나!' 하고 깨달았답니다. 나의 틀은 과연 진리인지 아닌지 생각해 보세요.
 둘째, 대접받고 싶은 마음 때문입니다.

> (서기관과 바리새인들은) 잔치의 윗자리와 회당의 높은 자리와 시장에서 문안받는 것과 사람에게 랍비라 칭함을 받는 것을 좋아하느니라(마 23:6-7).

 이 말씀은 예수님이 당시에 높임받고 대접받는 것을 당연하게 여기던 유대 종교 지도자들처럼 교만하지 말라고 당부하신 말씀입니다.
 사람은 원초적으로 교만해서 타락했는데, 성령 충만하지 않으면 그 교만이 계속 갑니다. 사실 이 타락한 마음은 전쟁터에 묻은 지뢰처럼 시도 때도 없이 마구 터져 나오는 것입니다. 이 마음을 십자가에 못 박아야 합니다.

셋째, 육적 교만과 영적 교만 때문입니다.

먼저 육적 교만을 버려야 합니다. 육적 교만은 눈에 띄게 자신을 뽐내고 남을 무시하는 등 겉으로 드러나는 교만입니다. 예를 들면 학벌, 소유, 수상 경력, 외모, 요리 솜씨, 건강, 경험, 자격증, 자식이 잘된 것, 예체능, 가문 등이 남보다 우월하다며 교만한 것입니다.

예수 그리스도를 자신의 구주로 믿는 사람은 이런 육적 교만을 배설물처럼 버리고 십자가에 못을 박는 회개를 이어 가야 합니다. 그러면 겸손한 사람이 됩니다.

영적 교만이란 무엇일까요?

영적 교만은 신앙생활을 "사람에게 보이려고"(마 6:1) 하기 때문에 생기고 자라고 굳어지는 교만입니다. 다른 사람보다 기도, 금식, 예배, 헌금, 구제 등을 많이 하고 열심히 하지만 하나님 위주와 중심이 아니라 자기 위주와 중심으로 해서 생기는 교만입니다. 이런 교만이 차 있는 사람은 다른 사람을 함부로 비판하고 정죄합니다. 그러면서도 그것이 큰 죄인 줄을 알지 못합니다.

믿는 우리는 항상 내가 이렇게 영적으로 교만한 사람은 아닌지 돌아보며 기도해야 합니다. 그리고 그렇게 교만한 나를 날마다 십자가에 못 박으며 바울 사도가 한 것처럼 "단언하노니 나는 날마다 죽노라"(고전 15:31) 하는 회개를 이어 가면, 이런 영적 교만에서 해방되는 은혜로운 믿음생활을 하게 됩니다.

3. 겸손한 사람의 길

겸손한 사람은 그 어떤 것보다도 겸손을, 겸손한 사람을, 겸손하게 사는 것을 가장 귀하게 여기는 사람입니다. 그래서 예수님이 "나는 마음이 온유하고 겸손하니 나의 멍에를 메고 내게 배우라 그리하면 너희 마음이 쉼을 얻으리니"(마 11:29)라고 말씀하신 대로 겸손의 멍에를 메고 생활합니다.

> 겸손한 자와 함께하여 마음을 낮추는 것이 교만한 자와 함께하여 탈취물을 나누는 것보다 나으니라(잠 16:19).

이 말씀처럼 마음을 낮추고 예수님의 멍에를 메고 사는 사람이 겸손한 사람입니다. 잠언이 기록된 당시의 사람들은 전쟁에서 빼앗은 것을 나누어 갖는 것을 최고의 기쁨으로 여겼습니다. 그러나 겸손을 귀하게 여기는 사람은 그런 것보다도 하나님 앞에서 겸손한 마음으로 사는 것을 더 귀하게 여깁니다. 그러므로 예수님의 겸손을 닮아 가는 사람이 됩니다.

4. 겸손한 사람의 복

> 겸손은 존귀의 길잡이니라(잠 18:12).

하나님께서는 겸손한 사람을 존귀하게 해 주십니다. 아브라함, 모세, 다윗, 사라, 에스더, 마리아, 루디아, 바울, 베드로 등 하나님께서 귀하게 사용하신 사람들의 공통점 가운데 하나는 겸손이었습니다. 겸손한 사람에게 하나님은 복을 주십니다. 우리도 귀중한 사람이 되려면 겸손해야 합니다.

링컨 대통령이 구두를 닦고 있었습니다. 그러자 보좌관이 물었습니다.

"왜 대통령 각하께서 자기 구두를 직접 닦고 계십니까?"

링컨 대통령이 반문했습니다.

"그러면 대통령은 남의 구두도 닦아야 합니까?"

자기 구두는 자기가 닦는 것이 맞다는 뜻을 담아 유머로 던진 말입니다. 이런 겸손이 전 세계인에게 링컨이 존경과 사랑을 받는 이유라고 여겨집니다.

대접받기만을 좋아하는 현대인에게 링컨의 구두닦이 일화는 '정말 보석처럼 빛나는 아름다움은 자신을 낮추었을 때 환하게 비치는 것'이라고 말해 줍니다.

겸손은 존귀의 길잡이라는 말씀처럼 진정한 복은 어느 사람이 겸손한 것을 하나님께서 인정하시는 것입니다. 링컨 대통령의 겸손을 내 것으로 삼으시기 바랍니다.

이런 교회 되게 하소서

[에베소서 1:15-23]

에베소서는 바울 사도가 로마 감옥에서 쓴 편지입니다. 편지 내용 가운데 바울의 기도를 담은 1장 부분은, 믿는 자들이 바울처럼 교회를 위해 기도해야 함을 각성시켜 줍니다.

교회를 위한 바울의 기도는 어떤 기도였을까요?

1. 그치지 않는 기도와 감사

내가 기도할 때에 기억하며 너희로 말미암아 감사하기를 그치지 아니하고(엡 1:16).

이 말씀에서 알 수 있듯이 바울은 기도, 교회, 감사를 소중히 여기는 사람이었습니다. 그는 호흡하듯이 기도하여 하나님과 대화하는 사람이었습니다. 기도할 때마다 교회를 위해서 기도하는 사람이었습니다. 교회를 위해서 기도할 때마다 감사가 그치지 않는 사람이었습니다.

주 예수 안에서 너희 믿음과 모든 성도를 향한 사랑을 나도 듣고(엡 1:15).

바울이 에베소 교회를 위해서 끊임없이 기도하고 감사하는 이유는 예수님을 잘 믿는 믿음과 하나님의 사랑으로 잘 실천하는 사랑 때문이라고 합니다.

에베소 교회처럼 예수님을 잘 믿는 교회, 예수님의 사랑으로 사랑을 잘 실천하는 교회가 되기를 바랍니다. 그래서 감사를 그치지 않는 교회가 되기를 기도합니다.

2. 믿는 자가 알아야 할 것을 알게 해 주시기를 기도

바울이 기도한 내용은 이런 것이었습니다.

첫째, 하나님을 알게 해 주소서.

> 우리 주 예수 그리스도의 하나님, 영광의 아버지께서 지혜와 계시의 영을 너희에게 주사 하나님을 알게 하시고(엡 1:17).

흔히 아는 게 힘이라고 합니다만 하나님을 아는 것이야말로 정말 힘입니다. 창조주 하나님이심을 알아야 하나님을 진정 의지하고 영광을 올려 드리게 됩니다. 구원의 하나님이심을 알아야 돌아온 탕자처럼 하나님 품에 안기는 인생이 됩니다. 심판의 하나님이심을 알아야 죄를 멀리하고 하나님 뜻대로 살게 됩니다.

하나님을 알지 못하는 사람의 신앙생활은 인형, 마네킹, 조화처럼 그럴듯한 모양만 있고 생명이 없게 됩니다. 반대로 하나님을 아는 신앙은 싱싱한 꽃, 채소, 나무와도 같은 믿음입니다. 하나님을 아는 것은 이처럼 참 소중합니다. 바울처럼 기도해서 하나님을 아는 신앙인이 되길 바랍니다.

둘째, 하나님께서 부르신 소망을 알게 해 주소서.

> 너희 마음의 눈을 밝히사 그의 부르심의 소망이 무엇이며 … 너희로 알게 하시기를 구하노라(엡 1:18-19).

믿는 우리에게 하나님께서는 소망을 주십니다. 그 소망은 천국에서 영원히 즐겁게 사는 것과, 이 땅에서 신앙생활을 잘한 것을 칭찬받는 것입니다. 우리도 그 소망을 위해서 하나님께 기도해야 합니다.

셋째, 성도 안에서 기업의 풍성함을 알게 해 주소서.

> 성도 안에서 그 기업의 영광의 풍성함이 무엇이며 … 알게 하시기를 구하노라(엡 1:18-19).

이 말씀에서 '기업'은 하나님께서 예수님을 믿는 자에게 주시는 복입니다. 이 복이 얼마나 좋은 것인지를 에베소 교회 성도들이 알 수 있게 해 주시기를 바울 사도는 기도하였습니다. 우리도 그래야 합니다.

넷째, 하나님의 능력이 얼마나 놀라운 것인지 알게 해 주소서.

> 우리에게 베푸신 능력의 지극히 크심이 어떠한 것을 너희로 알게 하시기를 구하노라(엡 1:19).

하나님은 예수 그리스도 안에 하나님의 능력을 나타내셨습니다. 그 능력은 어떤 능력인지 살펴봅시다.

- 십자가에서 죽으신 예수님을 살려 주신 능력입니다. 하나님의 능력이 그리스도 안에서 역사하사 죽은 자들 가운데서 예수님이 다시 사셨습니다(엡 1:20).
- 예수님을 하나님 보좌 우편에 앉혀 주신 능력(권세)입니다(엡 1:20).
- 예수님의 이름을 현세와 내세에서 가장 존귀하게 하신 능력입니다. 하나님은 예수님의 이름을 모든 통치와 권세와 주권과 이 세상뿐 아니라 오는 세상에 일컫는 모든 이름 위에 뛰어나게 하셨습니다(엡 1:21).
- 예수님을 교회의 머리로 삼으시고 만물이 그 발아래에 복종하게 하신 능력입니다(엡 1:22).
- 교회에 하나님의 사랑과 생명과 능력과 영광이 충만하게 해 주시는 능력입니다.

> 교회는 그의 몸이니 만물 안에서 만물을 충만하게 하시는 이의 충만함이니라(엡 1:23).

이처럼 크신 권능의 하나님께 영광을 돌려 드려야 합니다.
이번 장의 말씀과 잘 어울리는 찬양의 가사가 떠오릅니다.

> 주님 큰 영광 받으소서. 홀로 찬양 받으소서.
> 모든 이름 위에 뛰어난 그 이름 온 땅과 하늘이 다 찬양해.
> 겸손하게 우리 무릎 꿇고, 주 이름 앞에 영광 돌리세.
> 모두 절하세, 독생자 예수. 주님께 찬양드리리.
> 모든 영광과 존귀와 능력 받으소서. 받으소서.
> 영광과 존귀와 능력 받으소서. 받으소서.
> 그리스도 살아 계신 하나님.
> -〈주님 큰 영광 받으소서〉

교회를 위하여 기도합니다.

> 과거보다 현재가, 현재보다 미래가 더 나은 교회가 되게 하소서. 사람이 주장하는 교회가 아니라 머리 되신 예수 그리스도만을 높이며, 성령의 인도하심을 받아 이 세상 속에서 더욱 순결하며, 말씀에 순종하여 작은 죄악도 용납하지 않고 주님의 마음에 꼭 드는 교회가 되게 하옵소서.
> 복음의 능력이 더욱 강력하게 드러나서 날마다 구원받는 영혼이 더해지게 하시고, 작은 예수로 변화된 한 사람 한 사람이 기꺼이 주의 십자가를 지고 말이 아니라 사도적 권세와 능력으로 세상을 변화시키는 교회가 되게 하옵소서. 사람이 아니라 권능의 하나님께서 주관하시어 이런 교회가 되게 해 주소서.

제16장
십자가 교회

[누가복음 9:18-27]

한국 교회는 초기에 비해 신자 수는 많고 덩치는 큰데 왜 이리도 무기력하고 신뢰를 얻지 못할까요?
'십자가 교회'가 아니어서입니다.
어떻게 해야 십자가 교회가 될 수 있을까요?

1. 십자가를 믿어야 합니다

갈보리산 위에 십자가 섰으니 주가 고난을 당한 표라.
-〈갈보리산 위에〉, 찬송 150장

예수님이 못 박혀 죽으신 십자가를 믿어야 십자가 교회입니다. 십자가에 달리신 예수님이 하나님의 유일하신 아드님임을 믿어야 합니다. 하나님께서 예수님을 세상에 보내신 아가페 사랑을 믿어야 합니다. 예수님이 범죄한 인간을 대신해서 십자가에서 못 박히셨음을 믿어야 합니다.
십자가 보혈이 인간의 죄를 흰 눈같이 깨끗하게 씻어 주심을, 그 보혈이 내 죄도 사하고 나를 깨끗하게 함을 믿어야 합니다. 죄로 하나님과 멀어진 죄인들이 십자가로 하나님의 자녀가 됨을, 십자가를 믿으면 탕자 같은 죄인인 내가 구원받음을, 나는 구원받을 자격이 없으나 십자가 은혜로 구원받음을 누가 뭐라 해도 믿어야 합니다.

십자가를 믿는 믿음은 등산가의 로프 같은 것임을 믿어야 합니다. 또한, 구조대 대원이 내려 주는 로프 같은 것임을 믿어야 합니다.

십자가를 믿으면 하나님, 예수님이 나의 주님이십니다. 십자가를 믿으면 십자가의 은혜는 바로 믿는 나의 것입니다.

우리가 십자가를 믿으면 힘 있는 교회, 생명력 있는 교회가 됩니다. 주님이 함께해 주시는 교회, 세상을 이기고 살리는 교회가 됩니다.

그러므로 신자인 우리는 이렇게 노래해야 합니다.

나는 믿네, 갈보리 언덕 십자가. 나는 믿네, 그 누가 뭐라 해도.
-〈험한 십자가 능력 있네〉

2. 십자가에 못 박아야 합니다

옛날 궁중 새장에 갇힌 새에게 어미 새가 날아오더니 근처 나뭇가지에 앉았습니다. 그런데 어미 새가 앉아 있던 나무에서 갑자기 툭 떨어져 죽는 시늉을 반복했습니다. 그다음 날 아침에 새장의 새가 횃대에서 떨어져 죽은 듯 보였습니다. 사람이 새를 새장 밖으로 꺼내 버렸더니, 새가 갑자기 날아가 버렸습니다. 어제 어미가 하는 것을 보고 죽은 척하면 살 수 있다는 것을 눈치채고 그렇게 해서 풀려난 것입니다.

"죽을 때를 생각해라."

이 말은 고대 로마 사람들이 주고받은 말인데, 죽음을 생각하면 교만으로 망할 인생을 피하기에 서로 상기시켰답니다.

신앙의 적은 죄, 세상, 사탄, 믿음을 버리는 주변 사람, 그리고 나입니다. 그중에서도 모처럼 믿음으로 실려는 나의 난적은 바로 나입니다. 김칫거리에 소금을 넣고 절여 숨이 죽으면 푸성귀가 김치가 되는 것처럼 나도 십자가에서 죽어야 하나님의 사람이 됩니다. 바울은 "나는 날마다 죽노라"(고전 15:31)라고 했습니다. 우리도 그러면 믿음이 삽니다.

성도가 "나는 십자가에서 죽었다" 하면 죄는 비실비실 도망합니다. 성도가 "나는 죄에 대해서 죽었다"라고 외치는 순간 주님 안에서 살게 됩니다.

진실한 그리스도인으로 사는 인생의 시작은 자아를 십자가에 못 박는 것입니다. 행복한 그리스도인으로 사는 인생의 출발은 십자가에서 내가 죽는 것입니다.

우리가 십자가에서 죽으면 힘 있는 교회, 생명력의 교회가 됩니다. 그리고 주께서 함께하시는 교회, 세상을 이기고 이기며 살리는 교회가 됩니다. 신자인 우리는 날마다 십자가에서 죽어서 살아야 합니다.

3. 십자가를 지고 가야 합니다

키르케고르는 그 시대 성도들이 "십자가를 올라타려 하고, 지려고 하지는 않는다"라고 탄식했다고 합니다.

> 무리에게 이르시되 아무든지 나를 따라오려거든 자기를 부인하고 날마다 제 십자가를 지고 나를 따를 것이니라(눅 9:23).

예수님이 십자가가 예수님을 믿는 사람의 필수과목이라고 선언하신 것입니다. 십자가는 사형틀, 고난, 죽음, 피땀, 눈물, 희생, 인내, 고독, 저주입니다. 그래서 사람들은 십자가를 외면하나 신자는 꼭 져야만 합니다.

십자가는 힘들다고 사람들이 하지 않는 것을 내가 하는 것입니다. 자신의 소유를 내놓기 싫다고 사람들이 거절하는 것을 내가 하는 것입니다. 사람들이 주저하는 하나님 편에 서기를 내가 하는 것입니다. 귀찮다고 사람들이 하지 않는 것을 내가 나서서 하는 것입니다.

십자가는 사람들이 죽음의 길이라고 피하는 길을 내가 가는 것입니다. 십자가는 내가 하고 싶은 일이 아니어도 주님의 뜻이라면 하는 것입니다.

십자가를 지는 가장 뚜렷한 표가 나는 것이 전도입니다. 세상에서 가장 아름답고 값진 소리, "예수님 믿으세요" 그 말을 내가 하는 것이 십자가를 지는 것입니다.

유대인에게 전해지는 '힘이 센 소와 힘이 약한 소'에 관한 이야기가 있습니다. 소 두 마리 가운데 주인이 어느 소에 짐을 실을까 생각해 보세요. 당연히 약한 소보다 강한 소에게 큰 짐을 지게 할 것입니다. 주님도 힘이 더 있는 이에게 더 큰 십자가를 지게 하십니다. 내게 주신 십자가가 있다면 감사해야 합니다. 그것을 질 수 있는 힘이 있다고 주님이 인정해 주신 것이니까요.

4. 십자가를 가르치고 훈련해야 합니다

한국, 이스라엘, 독일, 일본 등의 공통점은 교육열입니다.

기원후 66년부터 73년까지 일어난 유대-로마 전쟁은 역사상 가장 비참한 전쟁으로 불립니다. 당시 로마 군인이 예루살렘 성전에서 금 17달란트를 강탈했는데 이는 유대인에게 더없는 치욕이었습니다. 그래서 분노한 유대인이 들고 일어나 시작된 전쟁에서 수많은 유대인이 죽어 강이 온통 피로 물든 전쟁입니다.

그 전쟁 때 랍비 벤 자카이는 죽을 각오로 로마의 베스파시아누스 장군을 만나서 "머지않아 당신은 황제가 될 것이오!"라고 말했는데 정말 그의 예언이 이루어졌습니다. 벤 자카이는 장군에게 황제가 되면 유대인을 위한 학교를 지어 주고 그것만은 결코 없애지 말아 달라 부탁했습니다.

유대인은 나라 없이 1900년의 세월을 지냈지만, 자기들의 신앙과 문화와 풍속을 고스란히 유지했습니다. 벤 자카이가 교육을 계속하는 한 자기 민족의 정체성이 지켜질 것을 내다본 것 덕분이었습니다.

지금 우리나라의 교육은 남을 밟고 올라서는 생존경쟁 수단으로 전락했습니다. 이런 각박해진 현실에 절실한 것은 십자가를 가르치고 훈련하는 것입니다.

교회가 집중할 것은 십자가를 믿는 것입니다. 십자가에서 죽고, 십자가를 지고 가고, 십자가를 가르치는 '십자가 교회'가 되는 것입니다.

십자가 교회가 되면 힘 있는 교회, 생명력 있는 교회, 세상을 이기고 살리는 교회, 주께서 함께해 주시는 교회가 됩니다. 그런 교회가 되면, 지금까지 교회를 도우신 하나님께서 앞으로도 반드시 도와주실 것이라고 믿습니다.

제17장

온전한 십일조의 복

[말라기 3:7-10]

예수님이 말씀하셨습니다.

> 너희를 위하여 보물을 땅에 쌓아 두지 말라 거기는 좀과 동록이 해하며 도둑이 구멍을 뚫고 도둑질하느니라 오직 너희를 위하여 보물을 하늘에 쌓아 두라 거기는 좀이나 동록이 해하지 못하며 도둑이 구멍을 뚫지도 못하고 도둑질도 못하느니라 네 보물 있는 그곳에는 네 마음도 있느니라(마 6:19-21).

1. 온전한 십일조

온전한 십일조는 무엇인가요?

첫째, 십일조는 하나님의 주권 확립입니다.
우주 만물은 하나님께서 지으셨기에 모든 것은 하나님의 것입니다. 십일조는 "모든 것은 하나님의 것입니다"라고 고백하는 것입니다. 십일조는 하나님을 하나님으로 인정해 드리고 섬기는 것입니다.

둘째, 십일조는 하나님의 명령입니다.
십일조는 국가나 지자체나 군대보다 높은 하나님의 명령이니, 오직 순종해야 합니다. 믿음으로 사는지 아닌지의 여부가 바로 믿음의 유무 기준입니다.

셋째, 십일조는 하나님을 신뢰하고 의지함입니다.
십일조 생활을 잘하는 사람은 스스로 세 가지를 자각하게 됩니다.

- 쓸데없는 지출이 줄어서 안 할 때보다 형편이 나아집니다.
- 십일조를 드리는 본인의 믿음의 실력을 보고 깜짝 놀랍니다.
- 하나님의 복을 받고 '하나님이 계시는구나!' 하고 느끼게 됩니다.

넷째, 십일조는 믿음의 마중물입니다.
펌프로 물을 퍼 올릴 때 마중물을 부으면 지하수가 잘 끌어 올라와서 콸콸 쏟아져 나옵니다. 십일조 생활을 하면 마음에서 믿음이 콸콸 흘러나옵니다.

다섯째, 십일조는 복 주심을 받는 통로입니다.
하나님께서는 우리가 십일조를 하면 쌓을 곳이 없도록 복을 주신다고 말씀하셨습니다(말 3:10). 전기는 전선으로, 수돗물은 수도관으로 우리 가정에 옵니다. 십일조 생활은 하나님이 우리 가정에 복을 주시는 파이프입니다.

여섯째, 십일조는 교회 살림입니다.
화초를 남보다 아주 잘 키우는 사람이 있습니다. 반대로 그런 것을 맡았다 하면 잘 죽이는 사람이 있습니다. 하나님께서 명령하신 대로 하는 십일조 생활은 교회 살림입니다. 하나님의 일도, 하나님의 교회도 거룩한 물질로 살림을 꾸려 가야 합니다. 십일조 생활은, 십일조를 하지 않으면 죽을 교회를 살리는 살림입니다. 십일조를 하지 않으면 교회 살림을 하지 않는 것이고 결국 죽게 하는 것입니다.

일곱째, 십일조는 신앙생활 단장(곱게 꾸미는 화장)입니다.
우리나라가 화장을 세계적으로 참 잘하는 나라입니다. 십일조 생활은 신앙생활과 인생을 아름답게 해 줍니다. 십일조 생활은 영적으로 아름다운 가문, 자손이 되게 합니다.

여덟째, 십일조는 신앙생활의 날개입니다.
승승장구하려는 운동선수는 엄한 '지옥 훈련'을 기꺼이 해야 합니다. 혹독한 훈련이 그 선수가 날게 해 주는 날개입니다. 십일조가 하나님께 인색한 사람에게는 짐이지만 진실한 신앙인에게는 날개입니다.

아홉째, 십일조는 안전 운행입니다.

준법정신을 가지면 그 정신이 안전 운전을 하게 합니다. 정직한 십일조 생활은 신앙과 인생에서 안전 운전이 됩니다. 피할 것은 피하고 할 것은 하는 신앙생활을 하고 싶어집니다.

열째, 십일조는 하나님 은혜에 대한 감사입니다.

바울처럼 "내가 나 된 것은 하나님의 은혜로 된 것"(고전 15:10)이라고 고백해야 합니다. 우리도 "내게 주신 모든 은혜를 내가 여호와께 무엇으로 보답할까"(시 116:12)라고 자문해야 합니다.

하나님의 은혜에 감사할 줄 모르면 배은망덕한 사람입니다. 십일조 생활을 한다면 그것은 가장 원천적인 감사를 하는 것입니다. 십일조 생활을 하면 배은망덕한 사람이 되는 것을 피하게 됩니다.

2. 십일조는 어떻게 드려야 할까요?

첫째, 믿음으로 드려야 합니다.

하나님께서 계시다는 사실과 십일조의 복과 하나님의 사랑과 권세를 믿고 해야 합니다. 사람의 눈치를 보며 하면 억지로 하는 것이기에 믿음으로 하는 게 아닙니다.

둘째, 온전한 십일조를 드려야 합니다.

내 마음대로 정하는 십일조는 온전한 십일조기 아닙니다. 수입의 십 분의 일을 드려야 온전한 십일조 생활입니다.

"교회 건축헌금을 드려라."

이는 어느 교회학교 여선생님이 꿈에 들은 말씀입니다. 그녀는 직장 생활을 하며 십 년간 모은 결혼 자금을 다 건축헌금으로 드렸습니다. 성전은 완공되었고, 당시 노처녀였던 그녀는 좋은 상대를 만나지 못한 채 서울로 이사하게 되었습니다.

십여 년의 세월이 지난 어느 주일, 그 여선생님이 남편과 함께 전에 다니던 교회에 방문했습니다. 결혼을 언제 했는지 궁금해하는 목사님에게 여선생님이 대답했습니다.

"좀 늦게 했어요. 남편은 건실한 사람이고, 아이 둘을 낳았는데 다 잘 자라고 있어요. 집도 장만했고요. 안수집사 직분도 받았어요."

목사님이 혼수는 어떻게 해 갔느냐고 물었더니, 그녀가 대답했습니다.

"결혼 자금을 건축헌금으로 바쳤다고 고백했더니, 이이가 혼수는 아무것도 준비하지 말라고 했어요. 하나님께서 참 좋은 남편을 주셨어요."

그녀의 남편도 "하나님이 이런 아내를 주신 것에 늘 감사해요"라고 고백했답니다. 그녀는 쌓을 곳이 없게 주시는 복을 받은 것입니다. 하나님의 섭리는 늘 인간의 상상을 초월한다는 것을 깨닫게 됩니다.

셋째, 하나님께서 우리의 마음을 먼저 보심을 기억해야 합니다.

아이 여섯을 키우면서 근근이 살아가는 과부가 있었다고 합니다. 그녀는 매 주일 빠짐없이 헌금을 드렸습니다. 그녀의 형편을 알게 된 한 부유한 성도가 교회 목사님에게 말했습니다.

"그 집사님이 매주 헌금하는 만큼 제가 낼 테니, 다음 주일부터는 헌금하지 말고 그 돈을 살림에 보태 쓰게 해 주세요."

이 말을 전해 들은 과부가 심히 안타까워하며 부자에게 와서 이렇게 말했다고 합니다.

"어찌하여 나의 기쁨을 빼앗으려 하십니까? 매주 주님께 바치는 이 즐거움이 없다면 나는 산 목숨이 아닙니다."

과부의 마음에 있던 즐거움을 하나님은 아시고 받으셨을 줄 믿습니다. 하나님은 먼저 우리 마음을 받으시고, 그다음 우리가 바치는 헌금을 받으십니다.

세계적인 부호 록펠러와 관련된 일화가 있습니다. 그는 친구의 권유로 광산업을 시작했지만 사기를 당해 원금을 모두 날렸습니다. 광부들은 폭도가 되어 밀린 임금을 요구했습니다. 빚 독촉에 시달리던 록펠러는 너무 괴로워 자살을 떠올렸습니다. 기업을 처음 시작할 때부터 철저한 십일조 생활을 해 온 록펠러는 황량한 폐광에 엎드려 기도했습니다.

"하나님의 말씀은 일점일획도 틀림없음을 믿습니다. 저는 지금까지 온전한 십일조를 드려 왔습니다. 그런데 왜 이런 시련이 오는지 모르겠습니다. 하나님의 살아 계심을 보여 주소서."

록펠러는 통곡했습니다. 그때 마음속 깊은 곳에서 들려오는 위로의 음성이 있었습니다.

"때가 되면 열매를 거두리라. 더 깊이 파라."

록펠러는 이 말씀을 믿고 광산을 더 깊이 팠습니다. 사람들은 록펠러가 제정신이 아니라고 수군거렸습니다. 그때에 '검은 물'이 분수처럼 솟구쳤습니다. 그것은 바로 황금보다 귀중한 석유였습니다. 자살 직전의 록펠러는 유전을 발견해 일약 거부가 되었습니다. 록펠러가 대부호가 된 것은 철저한 십일조 생활에서 비롯되었습니다.

예수님은 재물의 십일조만이 아니고 정의, 긍휼, 믿음도 함께 드리라고 더욱 온전한 십일조 생활을 할 것을 강조하셨습니다(마 23:23).

제4부
소망

우리를 거듭나게 하사 산 소망이 있게 하시며(벧전 1:3).

●

소망은 극복하지 못할 것은 아무것도 없다고 말한다.
그러나 절망은 극복할 수 없다고 말한다.
- 아이작 와츠

●

●

하나님 안에 꿈을 둔 사람은
두려운 것이 없고 실망이 없습니다.

제1장

어느 인생의 아쉬움

[누가복음 16:19-31]

　예수님이 두 사람의 이야기, 즉 정말 부유했던 사람과 엄청나게 가난했던 사람의 이야기를 해 주셨습니다.
　그 부자는 왕이 입는 자색 옷과 고운 베옷을 입고 날마다 호화 파티를 즐기는 사람이었습니다. 그런데 그의 집 대문 앞에 있는 거지 나사로는 온몸에 피부병이 있고 음식물 쓰레기를 얻어먹으며 하루하루를 사는데, 심지어 개들이 그의 헌데를 핥곤 했습니다.
　그 거지 나사로가 죽자 하나님의 사자, 즉 심부름꾼인 천사들이 그를 아브라함의 품에 안겨 주었습니다. 그리고 부자도 죽어서 음부에 갔습니다. 부자가 음부의 고통 속에서 눈을 드니, 나사로가 아브라함의 품에 안겨 있는 것이 보였습니다. 부자는 아브라함에게 이렇게 사정했습니다.
　"아브라함이여, 나를 불쌍히 보셔서 나사로한테 손가락에 물을 찍어 내 혀에 떨어뜨리라고 좀 해 주소서. 이 불구덩이 속에서 정말 고통스럽습니다."
　그랬더니 아브라함이 답했습니다.
　"얘야, 넌 세상에서 좋은 것을 다 누렸고, 나사로는 그 반대였단다. 그러므로 그는 여기서 위로를 받고 너는 괴로움을 받는 것이다. 그뿐만 아니라 네가 있는 음부와 여기 사이에는 무한한 구렁텅이가 있어서 오갈 수 없단다. 그리 알아라."
　그러자 부자가 다시 부탁했습니다.
　"그러면 나사로를 세상 우리 집에 보내셔서 제 다섯 형제에게 말하여 여기 오지 않게 좀 해 주세요."
　그랬더니 아브라함이 말했습니다.

"그런 얘기를 해 주는 모세와 선지자들이 있어서 다 들을 수 있단다."

부자가 고개를 저으며 말했습니다.

"아닙니다. 아버지 아브라함이여, 만일 죽은 자가 살아 돌아가서 얘기해 주면 회개 효과가 훨씬 더 클 것입니다."

아브라함이 말했습니다.

"모세와 선지자들의 말을 듣지 않는 사람은 죽은 사람이 살아 돌아가서 얘기해도 받아들이지 않는단다."

예수님의 이 이야기는 돌이킬 수 없는 인생에서 아쉬움을 피할 수 있는 진리를 우리에게 가르쳐 줍니다. 이야기 속 부자의 인생을 보면, 그 부자가 이렇게 했더라면 하는 아쉬움을 느끼게 됩니다. 그의 인생은 우리에게 중요한 시사점을 던져 줍니다.

1. 사람은 다 죽는다는 걸 늘 생각했더라면

'메멘토 모리'란 라틴어 구절로, '자신의 죽음을 기억(생각)하라' 또는 '너는 반드시 죽는다는 것을 기억(생각)하라'라는 의미의 말입니다. 고대 로마에서는 전쟁에서 큰 승리를 하고 돌아온 장군이 말이나 병거를 타고서 시가행진을 할 때 그 뒤를 노예들이 따라가면서 큰소리로 이렇게 외치게 했다고 합니다.

"메멘토 모리!"

즉, "당신은 죽는다는 것을 생각해라. 당신도 죽는다는 것을 생각해라!"라고 소리 지르게 해서 그 장군이 듣도록 했다는 것입니다. 그렇게 하여 승리한 장군이 영광과 인기와 특혜와 쾌락과 권력에 취하여서 스스로 망하는 자가 되는 길을 가지 않게 도움을 주었다고 합니다. 로마인의 지혜가 참 놀랍습니다.

그렇습니다. '나도 언젠가는 반드시 죽는다'라는 생각을 늘 해야 합니다. 죽는다는 생각을 전혀 하지 않는 사람은 없습니다. 일반적인 정도보다는 더 해야만, 마치 나는 죽지 않을 것처럼 살아가는 어리석은 인생을 피하는 복된 자가 될 수 있습니다.

한 번 죽는 것은 사람에게 정해진 것이요(히 9:27).

죽음 앞에서는 예외가 없습니다. 그것을 늘 생각하고 살아야 합니다. 그래야 불쑥 다가오는 그날에 이렇게 말할 수 있게 됩니다.
"내 인생 마지막이 어떤 멋진 영화나 노래, 소설의 결말보다도 아름답게 해 주신 주님, 감사합니다."
사람은 건강하여 오래 살기를 원합니다. 위의 이야기에 나오는 부자도 마찬가지였습니다. 만약 그 부자가 자신도 죽을 날이 있다고 생각하면서 살았더라면 왕이 입는 옷을 입고 날마다 호화 파티를 즐기며 사람들에게 뻐기는 인생을 살지는 않았을 것입니다. 욕심을 줄였을 것입니다. 이렇게 생각하고 실천하는 삶을 살았을지 모릅니다.
'하나님께서 주셔서 받은 은혜이니, 하나님의 사랑으로 이웃에게 나누고 하나님의 일을 위해 사용해야지.'
이 교훈은 남이 아니라 지금 나와 당신이 가슴에 새기고 살아야 할 깨달음입니다.

2. 천국과 지옥이 있는 것을 생각하고 살았더라면

천국과 지옥이 있다는 말을 들으면 혹자는 이렇게 물을 수 있습니다.
"사랑의 하나님이라면서 왜 지옥을 만들었어?"
그렇지만 손바닥과 손등으로 손이 되는 것처럼 하나님은 절대 사랑과 절대 공의의 하나님이십니다.

만일 하나님께서 사랑만 하시고 공의로 심판은 안 하시면, 극악한 인간들은 어떻게 할까요?
그들 때문에 고통당하는 이들에게는 누가 보상해 줄까요?
공의로운 심판이 없다면 양심적으로 인간답게 살 필요가 있나요?

이런 몇 가지 질문만 던져 보아도 하나님의 공의로운 심판이 필요하다는 사실에 수긍하게 됩니다.

사랑의 천국도, 무서운 심판의 지옥도 있습니다. 우리는 늘 천국과 지옥을 생각하며 살아야 합니다. 천국을 바라보고 거기로 가는 인생을 살아야 합니다. 그게 산 소망입니다.

> 하나님이 세상을 이처럼 사랑하사 독생자를 주셨으니 이는 그를 믿는 자마다 멸망하지 않고 영생을 얻게 하려 하심이라(요 3:16).

영생은 천국에서 영원히 사는 것입니다.

> 예수께서 이르시되 나는 부활이요 생명이니 나를 믿는 자는 죽어도 살겠고 무릇 살아서 나를 믿는 자는 영원히 죽지 아니하리니 이것을 네가 믿느냐(요 11:25-26).

위의 구절에서 '영원히 죽지 아니하리니'도 영생하는 천국이 있고 지옥도 있음을 알리시는 말씀입니다.

> 너희는 마음에 근심하지 말라 하나님을 믿으니 또 나를 믿으라 내 아버지 집에 거할 곳이 많도다 그렇지 않으면 너희에게 일렀으리라(요 14:1-2).

예수님은 천국을 '내 아버지 집'이라고 하십니다.

이처럼 천국은 있고, 그곳으로 가기 위해 준비해야 합니다. 운전할 때 중요한 기본은 '피할 건 피하고 갈 곳으로 가는 것'입니다. 이 기본을 무시하는 것은 생명을 포기하는 것과 다름없습니다. 인생을 살면서 지옥에 가는 것은 피해야 합니다. 인생에서 천국 가는 길, 그 길로 가야 합니다.

이야기 속의 부자가 천국과 음부가 있음을 생각하고 음부가 아닌 천국에 가려는 소망으로 살았더라면 하는 아쉬움이 남습니다. 그는 음부에서 마치 음부가 이렇게 고통스러운 줄 몰라서 왔다는 듯이, 천국이 저다지도 좋은 곳인 줄 몰라서 가려고 하지 않았다는 듯이 말했습니다. 우리는 제발 그러지 않기를 바랍니다. 천국 갈 예비를 늘 하시기 바랍니다. 천국의 말씀을 잘 듣고, 천국을 모르는 사람들에게 얘기하고 가르쳐 주는 사람이 됩시다.

3. 은혜에 걸맞게 살았더라면

'은혜'란 그냥 베풀어 주셔서 받는 선물입니다. 그 은혜 중의 은혜는 '하나님의 은혜'입니다. 우리는 사람의 눈에 보이고, 값비싸고, 좋다는 것을 받아야만 은혜로 여깁니다. 그러면서 하나님께서 은혜로 주신 햇빛, 공기, 땅, 물, 가족, 교회, 직분 등을 은혜로 여기지 못합니다.

그러나 이만큼이라도 쓸 돈이 있는 것, 일할 곳이 있는 것, 뜻과 믿음을 나눌 수 있는 사람이 있는 것, 신앙을 바르게 지도해 주는 사람이 있는 것, 드릴 예배가 있는 것, 살집이 있는 것, 공부할 수 있는 것, 예술이나 체육을 할 수 있는 것, 생명이 있는 것, 숨 쉬는 것, 소화되는 것, 피가 흐르는 것, 걸을 수 있는 것, 차가 있는 것, 피부가 온전한 것, 머리카락이 있는 것, 손톱이 있는 것, 나를 관심 가져 주는 이가 있는 것, 암이 없거나 있어도 이길 수 있는 신앙이 있는 것, 교회학교 교사가 있는 것, 셀 리더가 있는 것 등 이 모든 것은 하나님께서 주신 은혜입니다.

하나님께 받은 은혜 중의 은혜는 죄 용서받은 은혜, 믿음으로 성령 안에 사는 은혜, 영생의 구원, 천국에 가는 은혜, 말씀의 은혜, 주님의 위로와 평화와 소망과 기쁨과 진리를 맛보고 누리는 은혜입니다.

이야기 속의 부자는 참 크신 은혜를 하나님께서 주시어 받았습니다. 왕처럼 살 수 있는 부, 다섯 형제를 비롯한 주변의 많은 사람 등이 전부 하나님의 은혜였습니다. 감독이 양궁 선수에게 활을 과녁의 정중앙에 맞히라고 주듯이, 하나님께서 사람에게 주시는 은혜도 하나님이 기뻐하시는 일에 사용하라고 주시는 것입니다. 그 부자가 그렇게 은혜에 걸맞게 살았더라면 하는 아쉬움이 생깁니다. 그리고 우리 자신도 은혜에 걸맞게 살았더라면 하는 아쉬움도 있습니다. 이제부터라도 그러기를 손 모아 기도합니다.

만약 우리가 은혜에 걸맞게 살았더라면 어땠을까요?

첫째, 지금보다 더 감사가 넘치고 겸손하고 신실하게 주님께 충성하는 생활을 하였을 것입니다.

우리가 불평하고 감사가 메마르고 겸손하지 않은 이유는, 지금 내 것이라고 부르는 것들이 애초부터 그리고 영원토록 내 것이라고 여기기 때문입니다. 그게 아니라 하나님께서 은혜로 잠시 맡겨 주신 것입니다. 다 은혜입니다. 이 사실을 이야기 속의 부자가 알고 믿었더라면 하나님께서 잘했다고 칭찬하시는 사람이 되었을 것입니다. 우리도 그러합니다.

현재 내 것으로 여기는 모든 것이 하나님께서 은혜로 주신 것임을 알고 믿는 성도가 되길 기원합니다. 당신이 하나님을 위해 몸과 마음과 시간과 재능과 물질을 드리는 생활을 할 수 있기를 기원합니다.

둘째, 우리가 은혜에 걸맞게 살았더라면 나 아닌 다른 사람들에게 더 잘해 주는 성도가 되었을 것입니다.

그 부자가 그랬다면 자기 집 대문 앞의 나사로에게 그 정도로 무관심하지 않았을 것입니다. 우리가 가진 모든 것을 하나님께서 그분의 사랑과 뜻을 나누라고 맡기신 것으로 믿는다면 이웃에게 무관심하지 않을 것입니다. 비록 세상에서 그저 그런 사람, 비천한 사람으로 여겨지는 이가 주변에 있을지라도 그에게 주께 하듯 할 것입니다. 그러면 우리는 결국에 후회 없는 인생을 살게 될 것입니다.

제2장

하나님 나라입니다

[요한계시록 22:1-7]

『동방견문록』이라는 책으로 유명한 이탈리아 탐험가 마르코 폴로에 관한 일화가 있습니다. 그는 13세기 서양에서는 미지의 세계였던 중국에 가서 17년이나 살다가 고국으로 돌아와서 여행담을 책으로 썼습니다. 그가 별세하기 전에 친구들이 찾아와서 물었습니다.

"자네가 그 책에 쓴 이야기는 도무지 믿을 수 없는 것이라네. 이제라도 진실을 밝혀 주면 좋겠네. 그 책의 모든 내용이 상상으로 꾸며졌다는 사실을 말일세."

그가 안타까워하며 이렇게 대답했습니다.

"아니네. 내가 책에 쓴 것은 모두 사실일세. 사실 나는 내가 보고 겪었던 것의 절반도 채 기록하지 못했다네."

천국도 그렇습니다. 천국은 상상으로 꾸며진 곳이 아니라 실제로 존재하는 곳입니다. 하나님 말씀인 성경이 우리에게 주시는 거룩한 진리 가운데 가장 커다란 것은 하나님께서 예비하신 천국이 있다는 것입니다. 예수님도 천국에 대하여 늘 말씀하셨습니다. 단지 천국의 비밀을 아는 것이 불신자들에게는 허락되지 않았기 때문에 그들은 그곳을 모를 뿐입니다.

13세기 당시 중국을 가 본 적이 없던 마르코 폴로의 친구들이 그에게 한 것처럼, 우리가 천국을 보지 않았으니 믿을 수 없다는 식으로 하면 어리석은 짓입니다. 우리는 하나님 나라 백성으로서 날마다 천국의 산 소망을 든든히 붙들고 살아가야 합니다. 이 세상이 다인 것처럼 살아서는 안 됩니다.

하나님 나라는 어떤 곳인가요?

1. 완전한 행복의 나라

하나님 나라를 이 세상 정도나 그보다 훨씬 나은 곳 정도로 여기는 것은 정말 어처구니없는 일입니다. 그러면 보이스 피싱보다도 큰 손해를 당하게 되는 셈입니다.

하나님 나라는 조건적으로 완전한 행복의 나라입니다.

> 다시 저주가 없으며(계 22:3).

이 말씀은 하나님 나라에서는 이 세상에서처럼 우리를 괴롭고 슬프고 아프고 두렵고 안타깝고 외롭게 하는 등의 일이 전혀 없다는 뜻입니다. 하나님 나라는 다시는 사망이 없고 애통하는 것이나 곡하는 것이나 아픈 것이 다시 있지 않은 곳입니다(계 21:4).

이 세상의 모든 것은 아무리 좋은 것이라도 결국 녹슬고 곰팡이 나고 찢어지고 부스러지고 불타고 가라앉고, 아무리 멋진 사람이라도 사기당할 수 있고 결국 병들고 늙으니 허무합니다.

반면에 하늘나라는 완전한 행복의 나라입니다. 하나님 나라에는 슬픈 일이, 괴롭게 하는 사람과 일이, 힘들게 하는 사람과 일이 없습니다. 을이 무시당하는 일, 기상이변, 전쟁, 코로나 같은 바이러스, 질병, 화재, 사고, 빈부 격차, 이념 대결, 차별, 집단 따돌림 등이 조금도 없습니다. 시간적으로, 존재 가치 면에서도 완전한 행복의 나라입니다.

> 그들이 세세토록 왕 노릇 하리로다(계 22:5).

'세세토록'이란 영원입니다. 우리가 천국에 들어가서 누리는 시간은 백 년, 천 년, 만 년이 아닙니다. 세세토록, 즉 영원토록입니다. 아무리 좋은 것이라도 일시적으로만 가질 수 있다면 허무하고 슬픕니다. 일장춘몽입니다. 하나님 나라는 영원한 행복을 누리는 나라입니다.

그리고 우리가 천국에 가면, '왕' 같은 존재가 되어 왕처럼 누리게 됩니다. 세상에서는 몇 년짜리 이장, 동 대표가 되려고도 애를 많이 씁니다. 그러나 천국에서는 거기에 간 모두가 왕 노릇 합니다.

2. 믿음으로 들어가는 나라

하나님께서는 의인은 믿음으로 말미암아 살리라고 하셨습니다(롬 1:17; 합 2:4).

이 말씀은 무슨 뜻일까요?

하나님께서 계신 것과 세상을 창조하신 것과 인생을 구원하시는 것을 의심하지 않고 믿는 사람이 들어가는 나라가 하나님 나라라는 뜻입니다. 그 하나님과 아들 예수님을 믿는 믿음에서 나오는 겸손과 감사로 순종하며 사는 사람이 들어올 수 있게 하신 나라가 바로 천국입니다.

우리가 공항에 가서 비행기를 타고 외국에 가려면 입국 심사를 받습니다. 어떤 나라는 입국 심사를 아주 까다롭게 하기도 합니다.

천국에도 분명히 입국 심사가 있습니다. 이와 관련하여 로버트 콜먼이라는 분이 쓴 이야기가 있는데 소개합니다.

그럴듯하게 보이는 한 부자가 천국에 들어가려 했더니 천사가 암호를 대라고 했습니다. 부자가 말했습니다.

"나는 교회에 헌금을 많이 했습니다. 나는 도덕적으로 깨끗한 삶을 살았습니다. 어디에서나 나는 사람들에게 존경을 받았습니다."

그러나 그 천사가 대답했습니다.

"당신은 들어갈 수 없습니다."

그가 물러가고, 외모가 훌륭한 다른 남자가 천국 문을 두드렸습니다. 천사가 암호를 물으니까, 미남자가 대답했습니다.

"나는 성직자로서 주님을 섬겼습니다. 나는 주님의 이름으로 의로운 일을 많이 했습니다. 유명한 기관들이 나에게 최고의 영예를 주었습니다."

천사가 대답했습니다.

"당신은 왕을 알지 못합니다."

그 사람이 물러나자마자 할머니 한 분이 그 문에 이르렀습니다. 할머니는 허리가 구부정했습니다. 그러나 할머니의 두 눈은 반짝이고, 얼굴은 빛났습니다. 할머니는 손을 높이 들고 노래를 부르기 시작했습니다.

"피, 나의 대답은 오직 피라오. 할렐루야, 그 피가 나를 씻겨준다네."

즉시 진주 문이 열리고, 그 귀한 영혼이 천국으로 들어갈 때 천국의 합창단이 할머니가 부르는 노래를 함께 불렀습니다.

우리를 천국에 들어갈 수 있게 해 주는 입장권은 예수 그리스도의 피뿐입니다. 예수님의 보혈의 권능을 믿고 감사하고 겸손하게 하나님의 뜻 안에서 사는 사람이 하나님 나라의 사람입니다. 이것이 지금까지, 그리고 영원히 하나님 앞에 나아갈 수 있는 암호요 입장권입니다.

3. 은혜와 진리로 채워 주는 나라

하나님 나라는 우리를 은혜와 진리로 채워 주는 나라입니다. 우리의 소망과 내비게이션이 되어 주는 나라입니다.

첫째, 하나님 나라는 산 소망이 되어 줍니다.
사람은 꿈과 소망이 있어야 행복할 수 있습니다. 꿈과 소망은 힘든 세상을 사는 힘이 됩니다. 하나님 나라는 산 소망입니다.

> 우리를 거듭나게 하사 산 소망이 있게 하시며(벧전 1:3).

이 말씀에서 '산 소망'은 예수님을 믿는 우리에게 하나님께서 주시는 영원한 생명과 하나님 나라와 상급에 대한 소망입니다. 하늘나라를 바라보고 사는 인생은 산 소망을 가진 인생이고, 그 소망이 힘든 세상을 충분히 견디게 해 주는 힘과 용기와 기쁨이 됩니다.

> 주의 얼굴 뵙기 전에 멀리 뵈던 하늘 나라
> 내 맘 속에 이뤄지니 날로 날로 가깝도다.
> 할렐루야 찬양하세. 내 모든 죄 사함 받고
> 주 예수와 동행하니 그 어디나 하늘 나라.
> -〈내 영혼이 은총 입어〉, 찬송 438장

둘째, 하나님 나라는 내비게이션이 되어 줍니다.

하나님 나라는 그것을 진정으로 믿고 사는 사람이 할 것은 하게 하고 피할 것은 피하게 해 주는 내비게이션입니다. 우리가 해서는 안 되는 말과 행동과 일을 하려다가 부모님, 스승, 연인, 친구의 조언 때문에 그만두는 경우가 있습니다. 하나님 나라를 바라보고 사는 사람은 욕심을 부리다가도 하나님 나라 때문에 그만둡니다.

한 사람이 기차에서 군인 두 명을 보았다고 합니다. 한 군인은 사병이고 다른 군인은 더 나이 든 상사였습니다. 두 사람 다 전장에서 돌아오는 길 같았는데, 젊은 사병은 매우 행복해 보였습니다.

그가 젊은 사병에게 물었습니다.

"무엇이 그렇게 행복하고 기쁩니까?"

그러니까 사병이 대답했습니다.

"제가 군대에서 정말로 귀중한 체험을 했거든요."

"귀중한 체험이라니, 그게 대체 무엇인가요?"

"예, 저는 거기서 그리스도를 만났습니다. 저는 무시무시한 전투 중에 어린 시절에 배운 대로 그리스도를 의지했습니다. 그래서 거기서 구출되었고, 이후 그분 덕분에 기쁨을 이기지 못하고 있습니다."

전투 중에서도 그리스도를 발견한 사병은 기쁨을 이기지 못했던 것입니다.

로마 감옥의 바울도 '천국 보회'를 발견한 자로서 큰 고통도 빼앗지 못할 기쁨, 오히려 큰 고통이 변하여 솟구치는 기쁨을 누렸습니다. 베드로 사도는 그 당시 성도들이 예수님에 대한 믿음 때문에 나그네처럼 떠돌며 많은 어려움을 겪었지만 하늘나라로 인하여 "크게 기뻐하는도다"(벧전 1:6)라고 격려했습니다. 우리도 믿음으로 살기 어려운 현실에 있지만, 우리가 갈 하나님 나라로 인하여 기쁨이 넘쳐 나길 기도합니다.

주님, 우리가 천국의 아름다운 비밀을 날마다 발견하게 하옵소서. 말씀을 들을 때에 사모하며 주님이 하시는 일을 볼 때 감사하여 늘 천국을 준비하는 마음으로 살게 하소서. 언제나 하늘나라를 바라보며 기쁨과 소망으로 살게 하옵소서.

제3장
의의 면류관을 주십니다

[디모데후서 4:6-8]

이번 장에서는 바울 사도가 자신이 죽을 때가 가까이 온 것을 감지한 후에 고백한 내용을 살펴보고자 합니다.

1. 떠날 시간을 알고 있습니다

바울 사도는 "전제와 같이 내가 벌써 부어지고 나의 떠날 시각이 가까웠도다"(딤후 4:6)라고 말했습니다. 이 말씀의 '떠날 시각'은 죽는 순간입니다. 바울은 늘 죽을 때를 생각하고 준비하며 살았습니다. 죽는 때는 반드시 오니까 항상 그 순간을 준비하며 살아갔습니다.

> 욕심이 잉태한즉 죄를 낳고 죄가 장성한즉 사망을 낳느니라(약 1:15).

이 말씀처럼 아담과 하와를 비롯해서 모든 인간은 결국에 죄 때문에 죽습니다. 앞에서 고대 로마에서 "메멘토 모리", 즉 "당신도 죽는다"라는 노래를 하여 승리한 장군이 교만과 오만에 빠져서 망하지 않도록 조치했다고 말했습니다. 그들처럼 바울도 죽음에 대하여 늘 생각했습니다. '하나님의 때가 되면 나도 죽는다'라고 생각하면서 하나님의 뜻대로 살았습니다.

저는 근래에 저의 인생 은퇴인 죽음과 목회 은퇴에 대하여 이전보다 많이 생각했습니다. 평소에도 그런 생각을 했지만, 목회 은퇴를 앞두고 더욱 그랬습니다.

인생은 올 때는 순서가 있지만 갈 때는 순서가 없습니다. 젊어도, 어려도 하나님께서 "오라" 하시면 언제든지 가야 하고 "그치라" 하시면 그쳐야 합니다.

"나는 아직 죽을 때가 아니야" 하고 있나요?

아닙니다. 바울처럼 항상 죽을 때를 생각하고 준비하며 살아야 복스럽고 지혜롭습니다.

2. 나는 이렇게 살았습니다

바울은 자신이 죽을 때가 가까워진 것을 감지한다면서 곧바로 이렇게 말했습니다.

> 나는 선한 싸움을 싸우고 나의 달려갈 길을 마치고 믿음을 지켰으니 (딤후 4:7).

마치 스위치를 켜면 순간 전등이 켜지는 것처럼 곧바로 이어서 말했습니다. 이 말은 죽은 후의 심판에서 하나님의 칭찬을 받으려고 선한 싸움을 싸우고 달려갈 길을 마치고 믿음을 지켰다는 고백입니다.

> 한 번 죽는 것은 사람에게 정해신 것이요 그 후에는 심판이 있으리니 (히 9:27).

이 말씀처럼 사람은 누구나 죽습니다. 죽은 다음에 그가 지금까지 살아온 것으로 하나님께 심판받습니다.

그 심판에서 하나님께 칭찬받아야 합니다. 사도 바울은 칭찬받을 인생을 살았다며 다음 세 가지로 자신의 인생을 회고합니다.

첫째, 선한 싸움을 싸우는 인생을 살아왔다고 합니다.

인생은 전쟁에서 싸우는 것과 같습니다. 많은 사람이 탐욕과 교만으로 악한 싸움, 더러운 싸움, 심판받는 싸움, 반칙하는 싸움을 합니다.

하나님을 믿는 바울 사도는 죽은 다음에 있는 하나님의 심판이 가장 두려웠습니다. 그래서 군인이 전쟁하듯이 사랑하는 삶을, 하나님께 영광 돌리는 삶을, 신앙 양심을 지키는 삶을, 예수님처럼 섬기는 삶을, 하나님께서 인정하시는 삶을 치열하게 살았습니다. 우리도 바울처럼 선한 싸움의 인생을 이제라도 살아야 합니다. 우리도 하나님의 심판을 믿으니까 그렇게 해야 합니다.

둘째, 그의 달려갈 길을 마치는 인생을 살았다고 합니다.

믿는 우리에게는 올림픽 선수가 경기하듯이 달려 나가야 할 사명이 있습니다.

구체적으로 무슨 사명이 있을까요?

하나님이 주신 직분에 충실한 것, 사람을 구원하는 전도, 주님의 몸인 교회를 섬기는 것, 기도, 주일 성수, 예배 등입니다.

성도는 훌륭한 육상 선수가 반칙을 안 하고, 전력 질주하고, 끝까지 달리듯이 해야 합니다.

셋째, 믿음을 지키는 인생을 살았다고 합니다.

> 오직 의인은 믿음으로 말미암아 살리라 함과 같으니라(롬 1:17).

하나님께서는 그분의 계심과 구원해 주심을 믿고 사는 사람이 의인이라고 하십니다.

> 하나님이 세상을 이처럼 사랑하사 독생자를 주셨으니 이는 그를 믿는 자마다 멸망하지 않고 영생을 얻게 하려 하심이라(요 3:16).

하나님을, 그리고 예수님을 믿으면 멸망하지 않고 영생을 얻습니다. 만일 믿지 않으면 멸망합니다.

그 믿음을 꺾으려고, 버리게 하려고, 세속화하려고, 파멸시키려고 마귀 사탄과 죄악은 파상적 공격과 유혹을 합니다. 우리 속에는 사탄의 유혹에 넘어가기 쉬운 교만, 의심, 불순종, 세속적인 성향, 탐욕 등이 있기에, 이미 천국에 들어간 것처럼 안심하고 무장해제한 신앙생활을 해서는 안 됩니다.

바울 사도는 사탄 마귀와 어둠의 사악한 권세가 자기를 삼키려 하고 훼방을 끝없이 해 오는 삶 속에서 굴복하거나 방심하지 않고 "선한 싸움을 싸우고 나의 달려갈 길을 마치고 믿음을 지켰으니"(딤후 4:7)라고 합니다. 그의 모습은 이 세상의 믿는 자라면 반드시 본받아야 할 영적 모습입니다.

3. 의의 면류관을 받을 것입니다

> 이제 후로는 나를 위하여 의의 면류관이 예비되었으므로 주 곧 의로우신 재판장이 그날에 내게 주실 것이며 내게만 아니라 주의 나타나심을 사모하는 모든 자에게도니라(딤후 4:8).

면류관은 왕의 영광과 권위로 머리에 쓰는 것이고 고대 올림픽 경기에서 우승한 선수에게 씌워 주는 것입니다.

성도의 면류관은 하나님의 뜻대로 인생을 산 성도에게 하나님께서 주십니다. 바울은 죽음 앞에서 하나님께서 그에게 면류관을 예비해 주셨음을 확신했습니다. 바울은 하나님이 자기 인생을 CCTV보다 정확하게 보시고 심판하심을 믿었습니다.

바울은 또 성도의 면류관은 그것을 사모하는 사람에게 주시는 것임을 확신했습니다. 시모한다는 것은 애틋하게 생각하고 그리워한다는 뜻입니다. 또 우러러 받들고 마음속 깊이 따르는 것입니다. 바울은 하나님께서 주시는 면류관을 사모했습니다. 날이면 날마다 하루 24시간 동안 늘 사모했습니다.

한 노인 성도가 오하이오주 어느 교회 주일학교에서 자기가 한 반을 맡고 싶다고 했습니다. 그러나 교사들은 노인을 힐끔힐끔 보며 거절했습니다. 그때 주일학교 담당 목사가 이렇게 제안했다고 합니다.

"그렇게 반을 맡고 싶다면 학생들을 인도하여 한 반을 만드시면 어떻겠습니까?"

그에 노인은 거리에 나가 공놀이를 하고 있는 학생들을 전도하여 교회로 인도했습니다. 그리고 새로운 반을 만들었습니다. 노인은 자신의 마지막 생애 중 가장 중요한 시간을 아이들에게 쏟았습니다. 온 정성을 다 쏟아 학생들과 같이 지내며 놀기도 하고, 음식을 먹기도 했습니다.

노인을 통해 양육받던 학생 중 찰스 콘웨이는 인도의 선교사가 되었습니다. 또 한 학생은 대학교 교수이자 목사가 되었습니다. 또 다른 학생은 미국의 대통령이 되었습니다.

지금 그 노인의 이름은 잊혀졌습니다. 그러나 그에게서 예수 그리스도를 배웠던 학생들의 빛나는 활동으로 인해 천국은 이 땅에서 계속 확장되어 가고 있습니다.

그 노인이야말로 바울처럼 인생을 산 분입니다. 우리도 그러한 삶을 위해서 결단을 해야 합니다. 하나님께서는 우리의 그러한 선택과 결단을 기다리십니다.

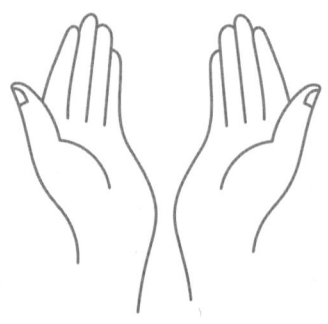